顺序相依拆解线平衡

模型、算法及应用

刘　佳◎著

科学技术文献出版社

·北京·

图书在版编目（CIP）数据

顺序相依拆解线平衡：模型、算法及应用 / 刘佳著.
北京：科学技术文献出版社，2025.3. -- ISBN 978-7
-5235-1704-8
Ⅰ. F25
中国国家版本馆 CIP 数据核字第 2024VL6065 号

顺序相依拆解线平衡：模型、算法及应用

策划编辑：钱一梦　责任编辑：张瑶瑶　责任校对：张永霞　责任出版：张志平

出　版　者　科学技术文献出版社
地　　　址　北京市复兴路15号　邮编　100038
编　务　部　(010) 58882938，58882087（传真）
发　行　部　(010) 58882868，58882870（传真）
邮　购　部　(010) 58882873
官　方　网　址　www.stdp.com.cn
发　行　者　科学技术文献出版社发行　全国各地新华书店经销
印　刷　者　北京厚诚则铭印刷科技有限公司
版　　　次　2025 年 3 月第 1 版　2025 年 3 月第 1 次印刷
开　　　本　710×1000　1/16
字　　　数　157千
印　　　张　11.25
书　　　号　ISBN 978-7-5235-1704-8
定　　　价　45.00元

版权所有　违法必究
购买本社图书，凡字迹不清、缺页、倒页、脱页者，本社发行部负责调换

前　言

　　"十四五"期间我国将大力发展循环经济，加快发展方式绿色转型，推进资源节约集约循环利用，全面提高资源利用效率，推动经济社会高质量发展。循环经济以资源的高效利用和循环利用为核心，以"减量化、再利用、资源化"为原则，以低消耗、低排放、高效率为基本特征。大力发展循环经济可以有效减少产品的加工和制造步骤，延长材料和产品的生命周期，提升产品的碳封存能力，减少开采原材料、原材料初加工、产品废弃处理和重新生产所造成的能源消耗和二氧化碳排放，对助力实现碳达峰、碳中和具有重要意义。

　　自 Gupta 和 Gungor 于 2001 年首次提出拆解线平衡问题至今仅十几年时间，尚未形成一套系统的研究理论和方法，且理论与实际应用之间存在一定差距。目前，对拆解线平衡问题的研究主要集中在一般拆解线平衡问题建模及其求解方法，然而，与现实拆解情况密切相关的研究则很少，如拆解任务之间相互干扰、拆解时间不确定、拆解失败导致拆解中断、混流产品拆解、不完全拆解等。随着回收再制造企业建立拆解流水线的逐渐增多，在拆解过程中必将涉及废旧产品零件的拆解序列问题，以及拆解任务在工作站上的均衡分配问题。通过设计优化拆解线，寻求合理的拆解任务序列和均衡的拆解任务分配方案，可有效减少拆解线闲置时间、提高拆解效率，同时也可最大程度满足市场对有价值零件的需求、减少废旧产品对生态环境的污染。因此，设计优化拆解线对节约资源、保护环境，降低生产成本、提升企业竞争力具有重要意义。

　　本书基于以上情况，考虑拆解过程中任务之间的相互干扰这个因素，针对顺序相依拆解线平衡问题展开深入研究，并根据拆解不同类型废旧产品所采用的拆解线布局方式不同，分别对直线型、U 型和双边顺序相依拆解线平衡问题进行建模，并设计了相应问题的求解方法。通过获得废旧产品（近似）最优拆解方案，可减少工作站开启数量，降低拆解线的闲置率，同时可减少有危害零件对环境的污染，满足市场对零件的需要。

　　本书部分研究成果受到山东省自然科学基金项目（ZR2022QG045）的资助，在此谨致谢意。

　　顺序相依拆解线平衡问题的研究是对拆解线平衡问题领域的拓展，希望本书能起到抛砖引玉的作用，引起学界和实业界对该领域的重视，为拆解线平衡问题研究的发展做出贡献。

目　录

第 1 章
绪　论

1.1　研究背景及意义

1.1.1　研究背景

高新科技的迅速发展，特别是电子信息技术的不断革新，极大地改变了人类的生产生活方式。人类在享受科技带来的物质财富的同时，也面临着全球资源日益减少、生态环境日趋恶化等严重问题。科技进步加快了产品更新换代的速度，由此造成的废旧产品数量急剧增多。工业和信息化部数据显示，我国每年主要电子电器产品报废量超过 2 亿台，其中废旧家电 1500 多万台、计算机约 6000 万台、手机约 7000 万部；据中国汽车工业协会统计，我国汽车保有量已经突破了 1.84 亿辆，年报废汽车数量超过 700 万辆。

废旧产品通常含有对人体和生态环境均有害的物质。例如，电视机显像管、电脑元器件中含有汞、砷、铬等重金属；电冰箱制冷剂中含有氟利昂；电路板中含有溴化阻燃物等。然而，废旧产品中又含有大量的可回收原材料和可再用零件，如报废汽车中的钢铁、塑料、橡胶和有色金属，手机、笔记本电脑的显示屏、内存条和 CPU 等。因此，废旧产品具有双重属性，对其处理不当将对人类健康和生态环境产生巨大危害，反之，若处置合理则不但可以缓解资源危机、减少环境污染，还能给企业带来巨大的经济效益。因此，如何妥善处理废旧产品，实现环境保护和资源再生成为世界各国亟待解决的问题。

为了解决上述问题，废旧产品的回收再制造引起了人们的广泛关注。产品回收再制造主要包括回收、拆解、检测或清洗、分拣、再制造和报废等环节[1]，如图 1-1 所示。其中，拆解是整个回收再制造过程中最复杂且最关键环节之一，直接影响整个回收再制造过程的效率和成本，以及对生态环境和人类健康的危害程度[2]。1994 年，Gupta 等[3] 首次提出了 EOL（End-of-Life）产品拆解理念，它是指从废旧产品中系统地分离有价值或有危害的零件及原材料的过程。与简单地从废旧产品中提取金、银、铜、铝等金属及塑料等原材料不同，拆解能够获得完整的零件，使资源得到最大化利用，同时可最大程度减少处理过程中对环境造成的危害。废旧产品完成拆解之后，才能进入原材料再利用和零件再制造环节，因此，拆解是构成产品完整生命周期的重要组成部分。

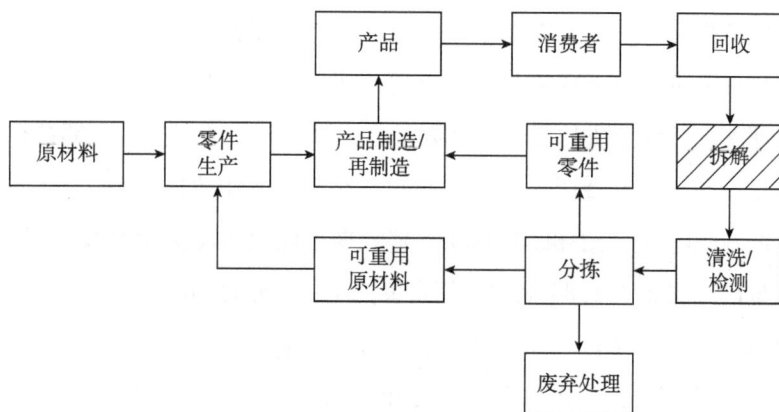

图 1-1　废旧产品回收再制造过程

早期的小规模废旧产品拆解主要是在独立拆解单元或单个工作站上进行，为了寻求合理的拆解路径，Gungor 等于 1998 年首次提出关于产品拆解过程的序列规划问题[4-5]。随着废弃产品数量急剧增多，为了实现拆解自动化、机械化，拆解流水线成为大规模废旧产品拆解的最佳选择。然而，在流水线上进行产品拆解，容易出现工作站上任务分配不均衡现象，从而影响拆解效率，造成拆解成本增加。针对该现象，2001 年 Gupta 等[6-7] 提出拆解线平衡问题

（Disassembly Line Balancing Problem，DLBP），并详细分析了该问题所面临的各种挑战。随后，研究者主要针对直线型和 U 型拆解线平衡问题展开研究。拆解线上任务的均衡分配，可以实现在拆解过程中开启工作站数量最少、降低拆解线的闲置率，以及减少环境污染等相关目标[8]。因此，设计优化拆解线，平衡拆解过程中的各种影响因素，从而推进拆解的规模化、产业化，不仅可以降低拆解成本，还能够节约资源、保护环境，对于回收再制造产业的发展具有深远意义。

近年来，随着人工智能、运筹学理论和计算机技术的发展，一些学者针对不同 DLBP 构建了相应的数学模型，并将元启发式算法（如人工蜂群算法、遗传算法和细菌觅食算法等）、数学规划方法（如分支定界法、混合整数规划法和动态规划法等），以及求解软件（如 GAMS、CPLEX 和 LINDO 等）应用于求解 DLBP。然而，在对现有文献进行梳理的基础上，发现 DLBP 建模及其求解方法尚未完善，其中，大部分现有对 DLBP 的研究均假定拆解任务之间仅存在先后关系约束，然而，一些结构复杂、零件之间关联紧密的废旧产品，即使某些拆解任务之间无先后关系，但在拆解过程中仍存在相互干扰的问题，造成任务拆解时间不确定，从而影响拆解线平衡，我们将这种拆解过程中无先后关系约束的任务间的相互干扰称为"顺序相依"。目前，研究者主要针对传统直线型顺序相依拆解线平衡问题展开研究。与一般 DLBP 相比，顺序相依 DLBP 更加复杂，求解难度更大，然而也更符合实际拆解情况。在该问题背景下，针对顺序相依 DLBP 展开研究，并根据拆解线布局方式不同，分别对直线型、U 型和双边顺序相依拆解线平衡问题的建模及其求解方法进行探讨，以丰富和完善拆解线平衡问题领域的研究。

1.1.2　研究意义

我国资源短缺问题日益突出，生态环境污染日趋严重，对废旧产品进行回收再制造处理已迫在眉睫。政府制定了《关于建立完整的先进的废旧商品回收体系的意见》（2011）、《废弃电器电子产品规范拆解处理作业及生产管理指南》（2015）、《电器电子产品有害物质限制使用管理办法》（2016）等一系列政策法规，对废旧产品回收拆解处理提出了具体要求，并规定了政府、生产商、处理商及消费者各自应承担的责任。为了进一步提高相关部门对废弃产品回收的积极性，《家电以旧换新实施办法》（2009）、《废弃电器电子产品处理基金征收使用管理办法》（2012）等激励政策也先后出台。面对一系列废弃产品回收再制造的法律法规和激励政策，一些家电生产商已经启动废旧家电回收处理项目。例如，长虹电器建立了废旧电视机拆解线，并研发了针对线路板、阴极射线管的无害化处理技术，以避免拆解过程中的二次污染，年处废旧电视机达4万余台。此外，近年来在国家政策扶持下，专门从事废弃产品回收处理的企业数量也迅速增加。例如，牧昌国际环保产业集团是辽宁省"十二五"规划循环经济重点扶持企业，建有印刷电路板破碎生产线、废氟利昂回收利用生产线、家用电器拆解线等。

随着回收再制造企业建立拆解流水线的逐渐增多，在拆解过程中必将涉及废旧产品零件的拆解序列问题，以及拆解任务在工作站上的均衡分配问题。通过设计优化拆解线，寻求合理的拆解任务序列和均衡的拆解任务分配方案，可有效减少拆解线闲置时间、提高拆解效率，同时也可最大限度满足市场对有价值零件的需求、减少废旧产品对生态环境的污染。因此，设计优化拆解线对节约资源、保护环境，降低生产成本、提升企业竞争力具有重要意义。

在我国，拆解线的应用尚不成熟，拆解线平衡技术也未深入拆解管理之中。现有的回收再制造企业拆解线不平衡造成拆解效率低下、资源浪费严重，甚至对环境造成二次污染。大量产品在拆解过程中经常被改性并降级处理，产品附加值低，大幅度降低了资源化利用的经济效益。因此，拆解线平衡技术在我国回收再制造企业中必将受到重视，并且具有广阔的应用前景。

自 Gupta 和 Gungor 于 2001 年首次提出 DLBP 至今仅十几年时间，尚未形成一套系统的研究理论和方法，且理论与实际应用之间存在一定差距。

在国外，对 DLBP 的研究主要集中在理想状态下的一般拆解线平衡问题建模及其求解方法，然而，与现实拆解情况密切相关的研究则很少，如拆解任务之间相互干扰、拆解时间不确定、拆解失败导致拆解中断、混流产品拆解、不完全拆解等。在国内，对 DLBP 的研究则更少。目前仅有 Kalayci 与其合作者[9-17]考虑拆解过程中零件之间的相互干扰，提出直线型顺序相依 DLBP 优化模型，并通过一些算法进行求解。然而，随着品种多样的电子产品和汽车等大型产品的废弃量急剧增加，拆解效率更高、更灵活的 U 型和双边拆解线的应用范围也越广，因此亟须对二者的拆解线平衡问题进行研究。

基于以上实际情况，针对顺序相依拆解线平衡问题展开深入研究，并根据拆解不同类型的废旧产品所采用的拆解线布局方式不同，分别对直线型、U型和双边顺序相依拆解线平衡问题进行建模，并设计了相应问题的求解方法。通过获得废旧产品（近似）最优拆解方案，可减少工作站开启数量、降低拆解线的闲置率，同时可减少有害零件对环境的污染，满足市场对零件的需要。这不仅能节约资源、保护环境，还能降低企业生产成本，提高竞争力。综上所述，顺序相依拆解线平衡问题的研究是对拆解线平衡问题领域的拓展，具有重要的理论及现实意义。

1.2　研究思路和研究内容

1.2.1　研究思路

以下将按照"提出问题—分析问题—解决问题"的逻辑展开研究，如图 1-2 所示，具体如下。

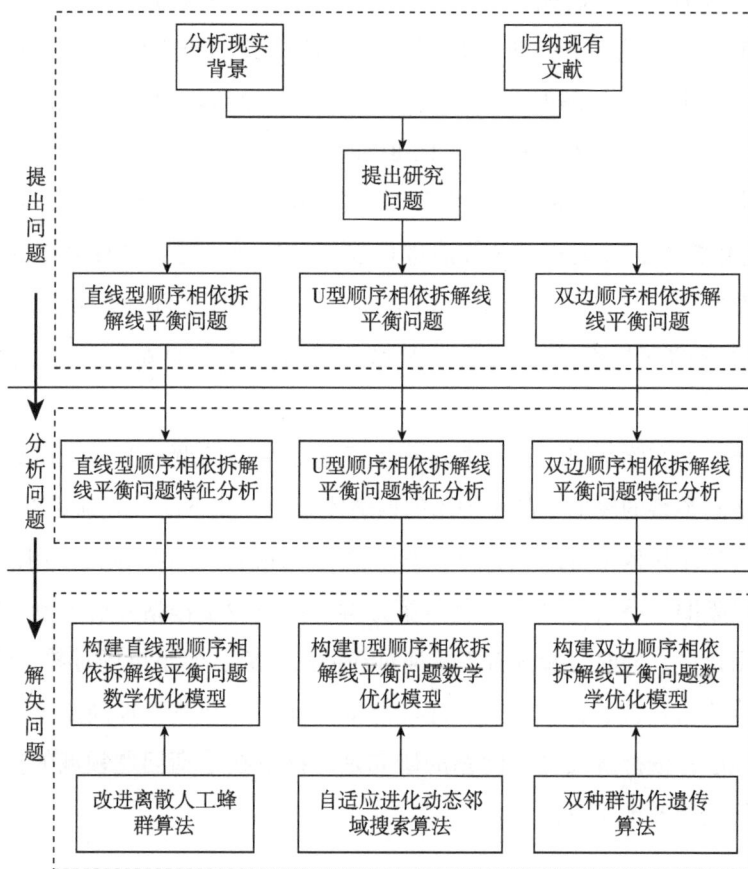

图1-2 研究思路

（1）提出问题

废旧产品数量的急剧增长给生态环境和人类健康带来巨大威胁，同时也造成了资源严重浪费。对废旧产品进行拆解处理，使有价值的原材料和零件得到再利用，不但能够节约资源、保护环境，还将给企业带来巨大的经济效益。基于此，结合现实背景，对现有 DLBP 研究成果进行归纳总结，在 Kalayci 等[9] 的顺序相依 DLBP 研究基础上，按照拆解线布局方式的不同分别提出了直线型、U 型和双边顺序相依拆解线平衡问题。

（2）分析问题

顺序相依拆解线平衡问题即在拆解过程中考虑部分零件之间的相互干扰，造成了工人不能以最便捷的方式进行作业操作，从而导致零件拆解时间增加，影响拆解线平衡。针对不同结构类型的废旧产品，拆解线的布局方式也将不同。根据直线型、U 型和双边拆解线布局的特点，分别对直线型顺序相依拆解线平衡问题、U 型顺序相依拆解线平衡问题和双边顺序相依拆解线平衡问题的特征进行分析。

（3）解决问题

根据不同布局方式拆解线平衡问题的特点，分别建立直线型、U 型及双边顺序相依拆解线平衡问题数学优化模型。问题寻优过程是在满足产品拆解先后关系和工作站节拍时间约束前提下，将拆解任务均衡分配至各工作站。其中，直线型拆解线上的任务需从拆解线入口分配，U 型拆解线上的任务可从拆解线入口和出口双向分配，双边拆解线上的任务则需按照操作方位在左右两侧工位进行分配。为了有效表示不同布局拆解线的任务分配方式，设计了相应的编码和解码过程，并针对不同问题模型分别采用改进的离散人工蜂群算法、自适应进化动态邻域搜索算法及双种群协作遗传算法进行求解。

1.2.2　研究内容

拆解是废旧产品回收再制造的重要环节，自 2001 年 Gupta 教授提出 DLBP 以来，国内外学者针对该问题开展了广泛的探索。然而，大多数学者对 DLBP 的研究均是以待拆产品零件之间仅存在先后关系约束为前提条件进行数学模型的构建及求解。实际拆解过程中，无先后关系约束的零件之间也可能存在相互干扰，这将阻碍物品以最快捷的方式被拆解，从而导致拆解时间不确定，影响拆解线平衡。针对该现象，Kalayci 等[9] 于 2013 年首次提出顺序相依拆解线平衡问题，并构建了相应的数学优化模型。但在该模型中未考虑总拆解时间最短这一重要目标，容易导致在寻找最优拆解序列时，优先选择受干扰时间长的零件进行拆解，以平衡工作站空闲时间，从而造成总拆解时间增加、工人和机器设备作业负荷增大，以及带来额外的资源消耗。鉴于此，针对第Ⅰ类拆解线平衡问题，提出了最小化工作站开启数量、最短总拆解时间、均衡各工作站空闲时间、尽早处理高危害零件和尽快拆解高需求零件的多目标顺序相依拆解线平衡问题优化模型，并根据拆解线的布局方式不同，分别对直线型、U型和双边顺序相依拆解线平衡问题的建模和求解算法进行研究。

1.2.3 结构安排

基于以上研究内容，本书共分为7章，具体安排如下。

第1章为绪论。介绍研究背景，阐明研究问题和研究意义，概述本书研究思路，确立本书的研究内容及结构安排，总结研究方法及创新点。

第2章为国内外研究现状。首先，对拆解线平衡问题的研究现状进行综述。其次，根据求解拆解线平衡问题所采用的方法进行分类，从传统启发式算法、精确算法、元启发式算法和图论法等方面进行归纳，总结不同方法的应用现状及优缺点。

第3章为顺序相依拆解线平衡问题相关概念与优化模型。首先，介绍拆解线的特征及分类。其次，对拆解线平衡问题的常用术语和问题复杂性进行说明。最后，介绍拆解线平衡问题的分类方式，并对问题的一般模型进行描述，构建了第Ⅰ类拆解线平衡问题优化模型。

第4章为直线型顺序相依拆解线平衡问题优化。首先，描述顺序相依拆解线平衡问题与一般拆解线平衡问题的不同。其次，在分析现有顺序相依拆解线平衡问题优化模型的基础上，提出一种新的多目标顺序相依拆解线平衡问题优化模型。再次，针对该问题模型提出一种改进的离散人工蜂群算法，所提算法在蜜蜂采蜜各阶段均设计了不同的改进策略以提高算法搜索效率。最后，与现有模型所获得的最优解相对比，验证本章所提模型的合理性，并通过与已有算法在求解质量和求解时间方面进行对比，证明本章所提算法的高效性。

第 5 章为 U 型顺序相依拆解线平衡问题优化。首先，描述 U 型布局拆解线的特点，阐明 U 型布局的灵活性及其适合拆解的废旧产品类型。其次，对 U 型拆解线平衡问题进行描述，并提出 U 型顺序相依拆解线平衡问题的优化模型。再次，提出一种自适应进化动态邻域搜索算法，该算法针对 U 型布局任务可从前后两端双向分配的特点，采用一种正负整数排列编码方式表示问题的可行拆解序列，随后详细描述算法寻优过程。最后，通过求解不同规模算例验证算法的有效性，并与直线型布局拆解线相对比，证明了 U 型拆解线能更灵活地分配任务，可提高拆解效率、降低危害指数。

第 6 章为双边顺序相依拆解线平衡问题优化。首先，描述单边与双边拆解线之间的差异，阐述双边拆解线的特点及其问题复杂性。其次，在现有双边装配线理论模型基础上，提出双边顺序相依拆解线平衡问题优化模型。再次，提出一种双种群协作遗传算法对该问题进行求解。针对双边拆解线任务需从左右两侧工位进行分配的特点，设计基于一维正负整数排列的染色体编码方式；通过引入"后天学习"算子，提高个体自身适应力以加快进化速度；采用"引种""联姻"的方式实现种群间的相互交流，提高下一代种群的质量。最后，通过求解不同规模算例验证模型及算法的有效性。

第 7 章为结论与展望。对本书的研究工作、创新和相关贡献进行总结，并对未来的研究工作进行展望。

1.3　研究方法和创新点

1.3.1　研究方法

本书主要采用文献调查法、数学建模法、算例验证法、对比分析法和现场调查法等研究方法，具体如下。

（1）文献调查法

归纳拆解线和顺序相依拆解线平衡的相关文献，全面并系统了解国内外有关拆解线平衡问题的研究现状和动态，确定研究方向。

（2）数学建模法

针对直线型、U型和双边顺序相依拆解线平衡问题的不同特点，采用数学建模法构建相应问题的数学模型，然后根据各模型特点设计优化算法进行求解。

（3）算例验证法

设计不同规模拆解算例，对所构建的问题优化模型及其求解算法进行测试，以验证模型与算法的合理性及有效性。

（4）对比分析法

对比不同布局方式的拆解线平衡问题，归纳各问题特点，建立数学优化模型；通过与现有优化模型所得结果相对比，验证所提模型的合理性；通过与其他算法在求解质量和求解时间方面进行对比，验证所提算法的高效性。

1.3.2　主要创新点

本书创新点主要体现在以下几个方面。

① 考虑最小化产品总拆解时间，构建更加符合实际情形的顺序相依拆解线平衡问题优化模型，解决了现有优化模型中，为了均衡工作站作业负荷，优先选择受干扰时间长的零件进行拆解的问题，提高了拆解效率、降低了相关资源的额外消耗。

② 针对传统直线型顺序相依拆解线平衡问题，提出一种改进的离散人工蜂群算法。在观察蜂跟随阶段设计"分阶段选择评价"策略，以保证观察蜂在整个迭代过程中都能准确判断蜜源质量，解决了采用固定适应值评价函数，造成观察蜂在迭代后期不能有效评价蜜源从而导致搜索效率下降的问题。

③ 针对拆解线以U型模式布局的情况，提出U型顺序相依拆解线平衡问题，建立了U型顺序相依拆解线平衡多目标优化模型，提出一种自适应进化动态邻域搜索算法。在局部搜索过程中设计"动态邻域搜索"机制，实现了邻域结构的动态选择，解决了采用既定顺序变换邻域结构需对邻域逐个搜索，

造成对已不能改进解的邻域进行搜索从而导致搜索效率降低的问题。

④ 针对拆解线以双边模式布局的情况，提出双边顺序相依拆解线平衡问题，建立了双边顺序相依拆解线平衡多目标优化模型。针对双边拆解线任务在两边工位并行分配的特点，提出一种基于一维正负整数排列"序列组合"编码的双种群协作遗传算法，解决了采用"二维编码"方式造成的存储空间大、运算速度慢的问题，从而为大规模双边顺序相依拆解线平衡问题求解提供有效手段。

1.4　本章小结

本章首先介绍本书的研究背景，指出顺序相依拆解线平衡问题研究的重要意义；其次介绍本书的研究思路和研究内容；最后归纳了本书的主要研究方法及创新点。下一章将对顺序相依拆解线平衡问题涉及的相关理论模型及求解算法进行综述，从而为后续章节的研究奠定基础。

第2章
国内外研究现状

2.1 拆解线平衡问题研究现状

2.1.1 一般拆解线平衡问题研究现状

1913 年，Henry Ford 秉承"准确度、节约、连续性、速度和重复"的生产理念，设计了世界上第一条汽车装配线。这种低成本、大规模流水线的生产模式，引领了汽车制造史上一次重大变革，同时也深刻影响了人类产业进程。以流水线方式组织生产，将产品生产工序分成若干环节，从而使工人的分工更明细，由此带来了产品质量和产量的大幅度提升，极大地促进了生产工艺和产品的标准化，进一步提高了生产效率，降低了生产成本。因此，福特的装配线工艺得到快速传播，不仅在整个汽车行业，而且在照相机、电冰箱等其他制造领域也得到了广泛应用。

装配线平衡问题（Assembly Line Balancing Problem，ALBP）是指将存在先后关系约束的产品零件，合理分配至工作站上完成装配操作，以解决预设目标的优化问题[18]。虽然 ALBP 伴随着装配线的问世而产生，但当时对 ALBP 的关注却很少，直到 1954 年 Bryton 在其论文"Balancing of a continuous production line"中首次提出了 ALBP，将其描述为将作业任务在装配线上的各工作站间进行交换，直到工作站的总作业时间收敛于一个固定值，使得装配线总空闲时间最小[19]。1955 年，Salveson 对 ALBP 做了进一步详细描述，并建立了 ALBP 数学模型[20]。合理分配装配任务有助于提高生产效率、降低生产成本，因此，ALBP 引起了学术界和产业界的广泛关注。

ALBP 研究初期主要采用启发式算法[21-25] 求解，代表性的有 Tonge[21] 提出的三阶段启发式算法、Helgeson 等[22] 提出的一种"最大阶位权值"规则、Hoffmann[23] 提出的基于"回退"搜索的启发式平衡方法，以及 Dar-El[24] 提出的组合规则。使用启发式算法求解 ALBP 的优点是设计简单、易于实现，但求解质量较差。为了获得更加准确的结果，一些学者尝试采用精确算法求解 ALBP，主要包括分支定界法[26-30] 和动态规划法[31-33] 等。精确算法在一定程度上解决了启发式算法求解精度不高的问题，但是 ALBP 属于 NP-hard，其解空间随问题规模呈指数增加，因此，精确算法并不适用于大规模 ALBP 求解。此时，求解速度更快、求解精度也较高的元启发式算法得以应用于求解各类 ALBP，如蜂群算法[34-43]、遗传算法[44-54]、禁忌算法[55-61]、蚁群算法[62-78]、粒子群算法[79-89] 和模拟退火[90-100] 等。

21 世纪以来，随着全球制造业，特别是电脑、手机等电子产业，以及汽车产业的快速发展，产生了大量废旧产品，这些产品需要回收处理。拆解作为产品回收再制造的重要环节，是指将有价值的产品零件、组件或原材料从废旧产品中分离出来的过程[6]。拆解可在单一工作站、独立拆解单元或流水线上进行，考虑到拆解效率、再生资源的无害化和资源化处理，以流水线（拆解线）方式组织产品拆解是实现拆解自动化、机械化和产业化的最佳选择。拆解线是由机器设备、传送装置和工人组成的一套人机系统，以流水线方式将若干个工作站按照一定的顺序排列，待拆产品通过各工作站，并在一定节拍时间内完成零件的拆解[101]。然而，以流水线方式组织拆解，容易出现在各工作站上任务分配不均衡的现象，从而影响拆解效率，该问题被定义为拆解线平衡问题，即在满足拆解任务先后关系和工作站节拍时间约束条件下，寻找产品可行拆解序列，该序列按照一定顺序将拆解任务分配至各工作站，目标为最小化工作站开启数量，均衡各个工作站的任务分配，并完成优先拆解有危害零件及其他相关目标[8]。

Gungor 和 Gupta 于 1998 年先后发表了在完全拆解情况下[102] 和零件存在缺失或缺陷情况下[5] 的拆解序列规划问题。随后，于 1999 年，二人在"Issues in environmentally conscious manufacturing and product recovery：a survey" 中回顾了绿色制造与产品回收问题的研究进展，从环境、资源、可持续发展、原材料回收、拆解处理规划、生产计划与调度等方面进行了分类与总结，并指出了当前很多尚未充分研究的问题，为后续研究指明了方向[103]。2001 年，他们从产品、拆解线、零件、操作、需求和分配等方面，详细分析了以流水线方式组织产品拆解需面对的各种挑战，并将 DLBP 与 ALBP 从操作和技术等方面进行对比，首次建立了简单多目标 DLBP 数学模型（DLBP-S）[6]。同年，他们又提出了考虑拆解失败的 DLBP 数学模型（DLBP-F），以最小化拆解失败对拆解线平衡的影响[7]。2002 年，Gupta 等指出 DLBP 是一种组合优化问题[104]，并于 2006 年，证明了 DLBP 属于 NP-hard[105]。随后，研究者主要从DLBP 模型和求解算法两个方向展开研究。2010 年，Ilgin 等[2] 对近 10 年发表的 540 篇有关绿色制造与产品回收处理的文章，从基于环保意识的产品设计、逆向/闭环供应链、再制造和拆解 4 个方面进行综述，总结了回收再制造研究领域的研究进展，指出了未来的研究方向。

2.1.2　顺序相依 DLBP 研究现状

一般 DLBP 仅考虑拆解任务间的先后关系约束，然而，部分废旧产品结构复杂，在拆解过程中，某些零件之间即使无拆解先后关系也存在相互干扰，导致拆解时间增加，从而影响拆解线平衡。例如，拆解任务 1 与 2 之间无先后关系，但二者存在相互干扰。若任务 1 先于任务 2 拆解，任务 2 将阻碍任务 1 以最便捷的方式操作，导致任务 1 的拆解时间增加；同样，如果任务 2 先于任务 1 拆解，受任务 1 的影响，任务 2 的拆解时间也将增加。这种在拆解过程中，无先后关系约束任务间的相互干扰被定义为顺序相依，最早由 Scholl 等[106] 在 ALBP 中提出，并构建了顺序相依 ALBP（Sequence Dependent Assembly Line Balancing Problem，SDALBP）模型。Andrés[107] 设计了贪婪随机自适应搜索算法；Yolmeh 等[108] 将动态规划与遗传算法相结合，设计了一种混合遗传算法，以寻求 SDALBP 的最优解。

Hamta[109] 考虑装配时间不确定的多目标 SDALBP，并将操作时间采用区间数表示，将粒子群与变邻域算法相结合，提出一种混合粒子群算法，以满足最少工作站开启数量、最小总成本及平滑指数；针对多产品混流装配，Akpınar 等[110] 建立了平行混合型 SDALBP 数学模型，并提出一种混合蚁群遗传算法；Ozturk 等[111] 考虑柔性混流顺序相依装配线平衡与排序问题，并分别采用混合整数规划和约束规划进行求解；Tang[112] 针对汽车和电子行业产品结构相似、型号多样，且在装配过程中零件间存在相互干扰的现象，构建了混合 SDALBP 模型，并采用一种混合遗传算法进行求解；Hatami 等[113] 考虑分布式组装排列车间调度的顺序相依问题，以最小化完成装配时间，并采用简单启发式算法和元启发式算法进行求解；Maleki-Darounkolaei 等[114] 考虑存在顺序相依关系的三阶段装配线车间调度问题，并提出一种适合大规模问题求解的基于模拟退火的元启发式算法。

Seyed-Alagheband 等[115] 考虑第 Ⅱ 类顺序相依装配线平衡问题，即在工作站开启数量一定前提下寻求最小节拍时间，建立了第 Ⅱ 类 SDALBP 数学模型，并采用模拟退火算法进行求解；考虑大规模产品装配，特别是汽车等生产线以双边方式布局，Özcan 等[116] 首次提出了双边型 SDALBP，并采用混合整数规划和启发式算法进行求解；考虑生产线以 U 型布局，Sabuncuoglu 等[72] 首次提出单产品 U 型 SDALBP，并采用一种新的蚁群算法求解；Scholl 等[117] 对顺序相依装配线平衡与规划问题进一步扩展，考虑装配时间受工人行走时间、工具的改变等因素影响，建立了一个新的、更加简单的数学规划模型，然后采用一种有效的启发式算法进行求解。

与装配线情况类似，在废旧产品拆解过程中，零件之间也存在顺序相依关系，会在拆解过程中相互干扰，从而影响拆解线平衡。Kalayci 等于 2013 年，首次将顺序相依问题引入 DLBP 中，构建以最小化工作站开启数量、均衡工作站空闲时间、尽早拆解有危害和高需求零件为多目标的顺序相依 DLBP（Sequence Dependent Disassembly Line Balancing Problem，SDDLBP）数学模型，并采用蚁群算法进行求解[9]。SDDLBP 可以看成是对一般 DLBP 的扩展，但 SDDLBP 更加符合实际拆解情形，且比一般 DLBP 更加复杂，求解难度更大。到目前为止，仅有 Kalayci 与其合作者对 SDDLBP 进行研究，并分别采用模拟退火算法[13]、遗传算法[17]、人工蜂群算法[10]、变邻域算法[15]、粒子群算法[11]、混合遗传算法[12]、河流动态形成算法[16] 和禁忌算法[14] 进行求解。

SDDLBP 考虑拆解过程中存在顺序相依关系任务间的相互干扰所造成的拆解时间增加。在求解 Kalayci 等[9-17] 提出的多目标 SDDLBP 优化模型时，我们发现在寻优过程中为了均衡工作站空闲时间，一些"蹩脚"的任务（即受其他任务干扰严重而导致拆解时间增加更多的任务）被优先选择拆解，从而导致总拆解时间增加，工人和设备作业负荷增大，并且相关资源能源消耗增多。然而，在实际拆解过程中，工人应尽量采用最快捷的方式拆解零件，以减少不必要的操作，降低劳动强度，提高工作效率。鉴于此，本书考虑产品总拆解时间最短，提出一种新的多目标 SDDLBP 优化模型。

2.2 DLBP 求解算法研究现状

自 1998 年 Gungor 等首次提出完全拆解情况下的废旧产品拆解序列规划问题[102]，研究者便开始采用不同方法寻求最优拆解序列。2001 年，他们又提出 DLBP，并建立了简单 DLBP 数学模型（DLBP-S）[6] 和考虑拆解失败的 DLBP 数学模型（DLBP-F）[7]。随后，研究者采用多种方法求解不同类型的 DLBP，概括起来主要分为 4 类：第一类是启发式算法（传统启发式算法），即根据不同问题制定相应启发式规则，再根据规则为每个任务赋予权重，最后根据任务权重进行选择分配，以求得问题的较优解；第二类是精确算法（传统数学规划法），即从问题本质出发，精确寻求问题的最优解；第三类是元启发式算法（群智能算法或现代生物算法），即模拟生物种群觅食、进化等原理，寻求问题的近似最优解；第四类是图论法，即采用点和线等图形来描述事物间的相互关联，图中的点代表事物，线代表事物间的特定关系。DLBP 求解算法的大致分类如图 2-1 所示。

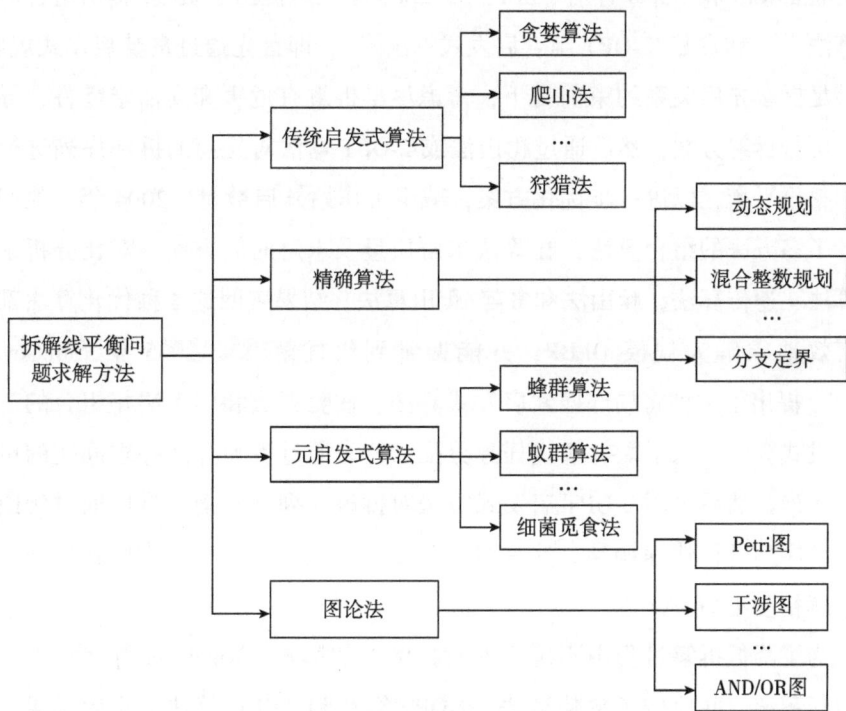

图 2-1 DLBP 求解算法的大致分类

2.2.1 传统启发式算法

DLBP 研究初期，研究者主要采用传统启发式算法进行求解。传统启发式算法需要预先设置启发式规则，可分为简单规则（单一规则）、复合规则（多个规则组合）和回溯决策规则（当前决策对后续决策具有影响）等。根据规则进行选择操作时，需要明确启发式因素及其选择权重。在大多数情况下，研究者根据问题的特征构建启发式规则，而权重则凭借其经验或实验结果来确定。启发式算法在可接受代价范围内（通常指计算时间和空间）给出问题的一个可行解，求解速度快，但往往所得可行解与实际最优解的偏离程度较大，解的质量难以保证。

Mcgovern 和 Gupta 针对 DLBP，于 2003 年先后提出了贪婪/爬山组合启发式算法[118] 和贪婪/2-OPT 组合启发式算法[119]，即首先通过贪婪启发式规则，在满足拆解先后关系约束前提下，考虑尽早拆解有危害和高需求零件，寻求一个可行拆解方案，然后通过爬山法或 2-OPT 算法对先前的拆解序列进行局部调整再平衡，以进一步优化方案，减少工作站开启数量。2004 年，他们又设计了多方法的组合算法，在算法求解质量及求解时间方面，对比分析了蚁群算法、遗传算法、爬山法和贪婪/爬山算法，结果表明这 4 种优化算法都能较有效地求解大规模 DLBP，并能搜索到较优解[120]。2005 年，McGovern 等[121] 提出了一种将局部搜索启发式算法、贪婪算法和爬山法相组合的三阶段启发式算法，以平衡拆解线任务分配。首先通过贪婪算法寻求问题的可行拆解序列，然后采用 2-OPT 启发式算法对拆解序列再平衡，最后通过爬山法对拆解序列进行快速调整，这种组合启发式方法思想简单、求解速度快，但其求解精度不高。

为了降低拆解过程中不确定性对拆解线的影响，Kizilkaya 等[122] 引入动态看板系统，并比较了贪婪算法、2-OPT 算法和 AEHC 算法的求解结果，得出贪婪算法和 AEHC 算法求解质量较高；刘志峰等[123] 分析实际拆解过程中的不确定性，构建了基于贪婪算法的寻优过程，能够实现对拆解序列的实时调整，并以工具更换次数最少为指标，设计了废旧产品拆解序列规划调整流程；赵柏萱等[124] 提出了一种基于运动规划的选择拆解序列规划方法，该方法针对复杂产品零件形状不规则且数量较多的特点，首先采用快速扩展随机树算法对零件进行运动规划，然后通过对产品实施自动分层处理，获取零件的拆解先后关系约束，构建产品拆解约束关系图，进而获得产品拆解序列；考虑拆解成本与拆解危害，Avikal 等[125] 采用 AND/OR 图表示待拆产品任务间的关系，并提出一种多目标启发式算法求解 U 型 DLBP。

选用恰当的启发式规则有利于 DLBP 的求解，但仍存在一些不足。例如，无法衡量启发式规则对算法的优化程度；启发式规则不具备通用性，一些启发式规则仅对解决某些特定问题效果显著；多种启发式规则可组合使用，其权重取值多为凭借研究者的经验或实验来确定。与此同时，其优势也较明显，如原理简单、使用方便、求解速度快等。

2.2.2　精确算法

为了获得问题最优解，一些研究者提出应用精确算法求解 DLBP，主要包括最短路径法和传统数学规划方法，如线性规划、非线性规划、多目标规划、动态规划、随机规划和模糊规划等，这些算法均是在给定条件下，按照某一衡量指标寻找问题的最优解决方案。

废旧产品通常存在某种程度的损坏，在拆解过程中会因某个损坏零件拆解失败导致后续零件拆解操作不能继续进行，以至于造成整条拆解线的停滞。针对该问题，Gungor 等[126] 首先通过产品的 CAD 图构建拆解任务先后关系矩阵，然后生成分层拆解树，分层拆解树中包含全部可行拆解序列，为了使产生的拆解树可处理，提出分支定界法进行求解。同样针对该现象，Altekin 等[127] 提出了考虑拆解失败的 DLBP 优化模型，并采用基于混合整数规划的预测-反应两阶段方法进行求解，该方法通过对拆解失败的产品进行再选择、再分配，以最大程度提高拆解效率，从而获得最大利润。

考虑拆解时间的随机性，Bentaha 等[128] 假设任务拆解时间服从已知分布的随机变量，提出两阶段动态线性混合整数规划法和样本均值近似法，以获取最优拆解序列。考虑拆解时间的不确定性，Paksoy 等[129] 构建了模糊混合多目标 DLBP 优化模型，并分别采用二元模糊目标规划和多目标模糊规划进行求解，最后通过两个实际拆解算例验证了所提模型的有效性。

针对产品部分拆解的情况，Altekin 等[130] 提出了多目标部分拆解 DLBP 优化模型，以最大化拆解利润，并采用基于上下边界松弛策略的线性规划法进行求解，该方法能有效求解小规模算例，并能在合理时间内求解包含 320 个零件的大规模产品拆解序列。

考虑不确定情况下的部分拆解，Bentaha 等在求解过程中，将拆解时间假定为已知概率分布的随机变量，并用 AND/OR 图表示先后关系，然后分别通过拉格朗日松弛和蒙特卡罗抽样技术[131]，随机二元规划法[132]，及基于整数规划和蒙特卡罗抽样法[133]获得任务在拆解线工作站上的最优分配，最大化拆解利润。针对同样问题，Bentaha 等[134]又提出了两阶段法进行求解。第一阶段采用混合整数规划、联合概率约束，以及基于二阶锥规划与凸分段线性逼近法的最大最小边界策略，寻求一个可行拆解序列；第二阶段应用 0-1 线性规划法以均衡拆解任务在工作站上的分配。

Koc 等[135]提出了一种转换 AND/OR 图，能有效表示任务间的"与和或"关系，采用转换 AND/OR 图表示任务先后关系约束，可有效简化 DLBP 数学模型，然后采用整数规划和动态规划两种数学规划方法进行求解，通过对比求解结果，得出相较于整数规划，动态规划更适合求解 DLBP。

除了以上数学规划方法，Ilgin 等[136]采用线性物理规划解决多产品类型混流 DLBP。Hezer 等[137]则采用基于最短路径法的网络图法求解单产品平行 DLBP。

精确算法虽能有效解决传统启发式算法求解精度不高的问题，但精确算法求解速度慢，DLBP 属于 NP-hard[105]，随着问题规模的增加，解空间规模呈指数增长，因此精确算法在求解大规模 DLBP 时显得无能为力。

2.2.3 元启发式算法

传统启发式算法设计简单、寻优速度快，但求解精度差；精确算法虽能获得问题最优解，但求解速度慢；元启发式算法可以看成是传统启发式算法和精确算法的一个折中方案，可在指定时间内求得问题的满意解。多数元启发式算法的设计灵感来源于自然界生物群体的觅食或进化方式，也称为仿生群智能优化算法。它将全局随机策略和局部搜索策略有效结合，以寻求问题的较优解，常见的元启发式算法包括遗传算法、蚁群算法和蜂群算法等。

（1）遗传算法

遗传算法（Genetic Algorithm，GA）是较早出现的一种元启发式算法，受生物进化论启发，Holland 教授于 1975 年首次提出[138]，其主要思想是模拟达尔文生物进化论的自然界优胜劣汰选择过程来搜索问题最优解。由经过基因编码的一定数量个体组成初始种群，然后通过种群个体间的选择、交叉和变异行为，逐渐逼近问题最优解，其对优化设计限制少、搜索范围广，能够有效求解组合优化问题，并在 DLBP 得到广泛应用。

Gupta 与其他学者合作，最早将 GA 应用到拆解序列规划问题中[139-141]；Hui 等[142] 采用可行拆解信息图描述产品拆解序列及相关操作信息，然后将拆解序列规划问题与该信息图相匹配，并通过 GA 求得问题的可行解；Chen 等[143] 采用一种自适应策略确定交叉和变异率，以加快 GA 收敛及寻得最优解的速度；吴昊等[144] 首先构建了产品拆解混合图模型，然后基于二叉树的 GA 对拆解序列进行优化。

Mcgovern 等[8] 采用 GA 对 DLBP 进行求解，以最小化工作站开启数量、平衡各工作站空闲时间；针对平行拆解线上的随机产品拆解问题，Aydemir-Karadag 等[145] 提出了多目标随机平行 DLBP，并通过一种新的 GA 进行求解，该方法采用修复算法和差异化策略作为两种适应值评价方法以寻找帕累托最优解集；考虑任务间的顺序相依关系，Kalayci 等[12] 构建以最少工作站开启数量、最小平滑指数、尽早拆解有危害和高需求零件为多目标的顺序相依 DLBP 数学模型，并采用变邻域与遗传算法相混合的方式进行寻优。

（2）蚁群算法

蚁群算法（Ant Colony Optimization，ACO）被 Dorigo 等于 1996 年首次提出[146]，其灵感来源于蚂蚁在寻找食物过程中寻求最短路径到达的行为，是继神经网络、遗传算法、免疫算法之后的又一模拟进化算法。其工作原理为：当一只蚂蚁寻找食物时，会沿途释放一种信息素。信息素是一种挥发性物质，随着时间的推移逐渐减少。因此，信息素的浓度在一定程度上反映了路径的长短。蚂蚁凭借各路径信息素的浓度，选择路径前往食物源。经过一段时间后，就会出现一条最短路径被大多数蚂蚁重复选择，这个最短路径就是问题的最优解。

Mcgovern 等[147] 将 ACO 应用于求解多目标 DLBP；Ding 等[148] 设计了一

种新的 ACO 求解多目标 DLBP，该方法将小生境技术嵌入更新操作中以获取帕累托最优解，同时，基于帕累托占优概念动态筛选非占优解集；丁力平等[149]结合 DLBP 特点，提出了一种改进的基于帕累托解集的多目标 ACO。采用小生境技术引导蚂蚁向分布良好的帕累托最优解集方向搜索，并选取被支配度和分散度为个体评价标准；朱兴涛等[150]将先验知识、探索新路径和随机选择 3 种方式组成混合搜索机制，提出了一种改进的 ACO，并将零件拆解时间、危害和需求指标作为算法的启发式信息以提高搜索效率；考虑到拆解过程中任务间的相互影响，Kalayci 等[9]将 ACO 应用到顺序相依 DLBP 中，并通过对任务选择策略和信息素释放策略的改进，加快算法寻优速度；考虑回收产品的结构不同和拆解完成时间的变化，以及人为因素导致的拆解时间不确定，Agrawal 等[151]建立了随机混流 U 型 DLBP 模型，并提出了一种协作蚁群算法，该方法的特点是采用双蚁群分别搜索两个最优解，并结合双蚁群获得的搜索信息指导未来搜索方向。

（3）模拟退火算法

模拟退火算法（Simulated Annealing, SA）是基于 Monte-Carlo 迭代求解策略的一种随机寻优算法，其基本原理来源于固体退火过程[152]。先将固体充分加热，然后让其慢慢冷却。加热时内部粒子随温度升高逐渐变得无序，粒子内能增大；反之，冷却时粒子渐趋有序，直至常温时达到基态，内能减为最小。Kirkpatrick 等[153]最早将 SA 应用于组合优化问题。

Prakash 等[154]提出了一种基于约束的模拟退火算法以确定拆解顺序，该方法将基于约束的遗传算子集成到模拟退火算法中，从而避免模拟退火和遗传算法在搜索过程中陷入局部最优的问题，以提高算法搜索性能；刘志峰等[155]提出了一种混合模拟退火-粒子群算法，该算法将 SA 的突跳能力和 PSO 的全局学习能力相结合，并采用一款料理机主机体的拆解案例证明了该组合算法在求解产品序列规划问题时的优越性；Kalayci 等[13]提出一种改进的 SA 并应用于求解顺序相依 DLBP，首先采用一种启发式算法和 GA 生成初始解，并设计了一种新的修复函数以确保解的可行性，最后通过手机拆解案例证明了该算法可有效获得问题的近似最优解。

（4）粒子群算法

粒子群算法（Particle Swarm Optimization，PSO）是由 Kennedy 和 Eberhart
于 1995 年首次提出[156]，其基本思想源于鸟群在觅食、迁徙及聚集过程中对
飞行位置的调整，通过粒子间的"自我学习"和"全局学习"来修正每次飞
行的位置，以到达飞行目的地。

徐进等[157] 采用干涉矩阵和拆解深度矩阵建立拆解模型，并提出一种自
适应 PSO。为了实现搜索平衡，该算法设计了惯性权重因子周期线性衰减和
基于群体平均空间距离的自适应变异策略；王攀等[158] 提出了基于拆解 Petri
网和混沌粒子群优化算法的拆解序列规划方法；为求得复杂产品的最优拆解
序列，张秀芬等[159] 建立了一种产品拆解赋权混合图模型，然后将该模型图
映射到粒子群模型，构建了粒子进化规则及粒子适应度。

为了提升 PSO 在解决复杂 DLBP 时的计算能力，方群等[160] 提出一种改
进的 PSO。为了避免陷入早熟，提出一种粒子间的水平混合变异策略，并在
每次粒子学习过程中选取最优的邻居粒子作为学习对象，从而提高算法的寻
优能力；Kalayci 等[161] 提出一种新的 PSO 求解 DLBP，采用基于交叉、交换
邻域算子进行局部搜索，以提高搜索效率。Kalayci 等[11] 又将改进的 PSO 用
于求解顺序相依 DLBP，也获得良好的求解效果。

（5）人工蜂群算法

人工蜂群（Artificial Bee Colony，ABC）算法，由 Karaboga[162] 于 2005 年
首次提出，用以优化代数问题，其灵感来源于蜂群独特的觅食行为和严谨的
分工机制。人工蜂群中的蜜蜂分为雇佣蜂、观察蜂和侦察蜂 3 种角色，雇佣
蜂开采蜜源并将花蜜运回蜂房，然后在指定区域跳舞将蜜源信息传递给观察
蜂；观察蜂在蜂房等待，并根据蜜源信息选择雇佣蜂跟随，继续深度开采蜜
源；当蜜源开采完毕，侦察蜂随机探测新蜜源。3 种角色蜜蜂分工协作共同完
成对蜜源即最优解的搜索。

为了提高复杂产品拆解序列规划效率，宋守许等[163] 提出一种改进的

ABC 算法，定义了自适应选择参数、动态平衡可行度与适应度算法的优先配比，以实现复杂产品拆解序列规划的快速求解。为了克服传统算法求解 DLBP 较随机、易早熟等不足，张则强等[164] 分别对 ABC 算法的 4 个阶段进行改进：在初始解生成阶段，引入了危害性和需求因素；在雇佣蜂阶段采用了可变步长搜索策略；在观察蜂阶段构造了常规搜索与蠕动搜索相结合的混合搜索策略；在侦察蜂阶段设计了基于分布估计的搜索策略。

针对 U 型 DLBP，李明等[165] 提出了一种改进的 ABC 算法，利用蜜蜂对蜜源进行标记完成自身学习过程，可有效改善蜜蜂寻找蜜源的能力。在搜索过程中为了避免算法陷入局部最优，采取模仿其他蜜蜂的搜索行为以打破搜索僵局；考虑拆解时间的不确定性，Kalayci 等[166] 提出了模糊 DLBP，采用三角模糊隶属度函数表示拆解时间，并根据模糊 DLBP 特点提出了一种多目标模糊离散人工蜂群算法；考虑任务之间的顺序相依关系，Kalayci 等[10] 将 ABC 算法应用到顺序相依 DLBP 中，在初始化阶段，采用一种随机生成策略以保证种群的多样性，在观察蜂选择阶段，提出采用平滑指数作为适应值评价函数以有效选择蜜源。

（6）其他元启发式算法

此外，还有一些学者将细菌觅食算法、变邻域搜索算法及鱼群算法等元启发式算法应用到求解 DLBP 中。

为解决传统算法求解 DLBP 性能表现不稳定的问题，胡扬等[167] 提出一种改进的细菌觅食优化算法（Bacteria Foraging Optimization，BFO）。改进了细菌的移动规则以扩大搜索空间，并引入全局信息共享策略，此外，还提出了一种自适应性驱散概率，以尽量避免驱散操作导致优秀个体丢失。为了解决传统方法在求解多目标 DLBP 时易于早熟，且不能很好地处理多目标冲突的问题，胡扬等[168] 又提出了一种基于帕累托的多目标 BFO，并采用全局信息共享策略引导菌群不断向帕累托最优前沿趋近。

苏亚军等[169] 提出一种改进的变邻域搜索算法（Variable Neighborhood Search，VNS）求解多目标 DLBP。所提算法采用了位置权重法构造初始解，并构造了交换、前插与后插 3 种邻域结构进行局部搜索，同时引入禁忌表方法，提高算法全局寻优能力。Kalayci 等[15] 将 VNS 应用到顺序相依 DLBP 中，并在局部搜索过程中采用变邻域深度搜索算法，以提高局部搜索精度，从而提高算法的寻优性能。

汪开普等[170] 提出了一种改进的基于帕累托解集的多目标人工鱼群算法（Artificial Fish Swarm Algorithm，AFSA）求解 DLBP。为了加快人工鱼的搜索速度，引入随机交叉算子，以引导人工鱼向全局最优解靠拢，并设计拥挤距离机制不断筛选非劣解，实现了结果的多样性。Zhang 等[171] 将人工鱼群算法应用于模糊多目标 DLBP 中以获取问题的帕累托解。

此外，禁忌搜索算法（Tabu Search，TS）[14]、河流动态形成算法（River Formation Dynamics，RFD)[16]、重力搜索算法[172]、束搜索算法[173] 也应用于求解 DLBP。

2.2.4　图论法

除了采用传统启发式算法、精确算法和元启发式算法外，一些学者还应用图论法、蒙特卡罗法等方法求解产品拆解序列相关问题。

Tiwari 等[174-175] 根据产品物理结构特点，建立产品拆解 Petri 网模型，并将拆解成本引入模型，从而寻找有效的产品拆解序列。郭茂等[176] 考虑拆解的经济性，提出了基于 Petri 网理论的产品拆解模型。该方法设计简单，易于计算，但缺点是节点过多。张东生[177] 同样将 Petri 网理论引入产品拆解序列规划研究，以生成满足约束条件的产品最优拆解序列。孟宪刚等[178] 提出了一种基于模糊数 Petri 网模型的产品拆解序列规划方法，将三角模糊数与 Petri 网相结合提出三角模糊 Petri 网。为了降低拆解路径的分析难度，赵树恩等[179] 提出一种以模糊推理 Petri 网为工具的产品拆解序列决策模型，并将矩阵运算与模糊推理 Petri 网相结合构造组合式推理算法。

江吉彬等[180] 为了解决拆解序列生成过程中的组合爆炸问题，提出了一种基于层次网络图的拆解序列生成方法。利用层次网络图将大规模产品分解成不同的拆解部件，以构成不同层次上的单元网络图。郑清春等[181]同样采用层次网络图法解决组合爆炸问题，提出基于 CAD 软件三维模型的装配层次关系建立层次网络图模型，并通过该模型生成产品邻接矩阵，然后利用约束逐步解除法生成拆解序列。

Avikal 等[182]基于卡诺模型、模糊层次分析法和改进的多目标决策技术，根据 AND/OR 图找到最优的产品拆解序列。Koc 等[135]将传统的任务先后关系图进行改进，提出了一种新的转换 AND/OR 图表示产品任务间的先后顺序关系，使任务间的关系更加清晰，更有利于获得更优拆解方案。

潘晓勇等[183]提出采用割集的方法生成产品拆解序列，并结合三维软件 UG 的二次开发来验证拆解序列的可行性。随后，潘晓勇等[184]又提出了层次概率模糊认知图数学模型，并基于该方法寻找全拆解中的拆解序列。为了节约拆解成本，曹建康等[185]提出了一种复合拆解关系表和拆解规则的拆解树生成算法。

以上这些图论法在一定程度上解决了产品拆解序列规划中的问题，但随着产品结构的复杂化、拆解所涉及的零件数量的增多，问题规模也呈指数增长，因此，图论法无法满足复杂产品的拆解需求。

2.3 本章小结

随着经济和科技的快速发展，电脑、手机及汽车等产品更新换代速度加快，导致产品废弃量剧增。回收再制造企业在进行产品拆解时，会出现工作站上的任务分配不均衡现象，从而影响拆解效率，因此 DLBP 受到企业界和学术界的广泛关注。拆解线在某种程度上可以看成是装配线的逆过程，因此，ALBP 的研究对 DLBP 的研究具有一定的借鉴意义。学者对 ALBP 研究较早，也较为全面，包括：以装配线布局方式分类的单边、双边及 U 型 ALBP 研究，以产品类型划分的单一、混流产品 ALBP 研究，以及考虑产品零件之间相互干扰的顺序相依 ALBP 研究。相对于 ALBP，当前对 DLBP 的研究较少，且主要集中在对直线型单一产品 DLBP 的研究。

在求解 DLBP 时主要采用传统启发式算法、精确算法和元启发式算法等。传统启发式算法主要根据启发式规则对问题求解，优点是求解速度快，缺点为求解精度不高。精确算法虽能得到问题的最优解，但 DLBP 属于 NP-complete，其不适用于大规模问题的求解。元启发式算法可以看成启发式算法的改进，是全局与局部搜索的结合，其求解时间较短，求解质量较高，但元启发式算法在求解大规模 DLBP 时也存在一些不足：①参数设置，如种群数量设置。通常情况下，随着种群规模增大，算法的搜索速度逐渐加快，但当种群规模达到一定程度时，继续增大其规模反而会降低算法的搜索速度。②元启发式算法是求解问题的一个基本框架，针对不同 DLBP 特点需要制定特定的搜索策略，以提高搜索效率和搜索精度。

综上所述，本书主要从以下两个方向展开研究：①在问题的建模方面，考虑拆解过程中任务间的相互干扰，根据拆解线的布局方式不同，提出了直线型、U 型和双边顺序相依 DLBP 并构建相应的数学优化模型；②在求解问题方面，设计了改进离散人工蜂群算法、自适应进化动态邻域搜索算法及双种群协作遗传算法。3 种算法分别针对不同布局的顺序相依拆解线平衡问题特点，设计了有效的编码和解码方式，并通过制定高效的搜索规则和选择策略，提高了算法的搜索速度和求解质量。

第3章
顺序相依拆解线平衡问题相关概念与优化模型

经济的快速发展及科技的不断革新，加快了产品更新换代速度，造成了大量产品被废弃。人类在享受物质财富的同时，也面临着全球资源日益减少与生态环境日趋恶化的严峻问题。随着人类、环境和资源的矛盾日益突出，人们对废旧产品实施回收再制造的愿望也愈加强烈。

废旧产品回收再制造是指以产品全寿命周期理论为指导，以实现废旧产品性能提升为目标，以优质、高效、节能、节材和环保为准则，通过先进技术和产业化生产手段，对废旧产品进行修复和改造的一系列技术措施或工程活动的总称[186]。产品回收再制造能够实现对废旧产品的综合利用，可有效解决环境污染和资源浪费等问题。产品回收再制造是一个"废旧产品—回收—再制造—消费"的过程，拆解是整个过程中最关键的环节之一，零件只有通过拆解才能得到再利用，然而产品在拆解过程中，会出现任务在各工作站分配不均衡现象，从而影响拆解效率。

3.1 拆解线特征及分类

3.1.1 拆解线的基本特征

拆解是指采用系统的技术手段，将有价值或有危害的零件从寿命终结产品中有效分离出来的过程。根据组织拆解方式的不同，可分为在独立拆解单元、单一工作站或拆解线上进行拆解操作,其中拆解线效率高、运行成本低,适合大批量废旧产品的拆解。

拆解线是一种流水线的生产方式,由工人、机器设备、传送装置和工作场所等元素组成。以流水线方式组织产品拆解可提高拆解效率,是实现拆解过程系统化、自动化和机械化的最佳选择。在拆解线上进行产品拆解时,废旧产品不间断地通过传送装置,并在一定节拍时间内经过一系列既定工艺设置的工作站,从而完成对所有工序的拆解作业。与独立拆解单元和单一工作站相比,拆解线具有以下特征。

(1)专业化程度高

拆解线上一般只拆解一种或几种相同类型的废旧产品,每个工人仅需完成一道或几道固定零件的拆解工序,专业程度相对较高,可实现废旧产品稳定连续拆解。

(2)工作站按一定的规则布局

根据拆解工艺路线布局要求,流水线上的工作站通常以直线型、U 型、L 型和 O 型布局。

(3)单向性

产品在拆解线各工作站上的流动是单向不可逆的。

(4)节拍时间限制

工作站具有统一节拍时间,可实现废旧产品无间隙拆解。

(5)具有一定的灵活性

对于内部结构差异较大的废旧产品拆解,可重新调整拆解线相关配置,如工人数量、节拍时间和工作站开启数量等。

(6)作业任务需均衡分配

各工作站的任务分配应相对均衡,以平衡工作站作业负荷,提高拆解效率。

3.1.2 拆解线分类

由于拆解条件不确定,再制造企业的拆解线形式也较多样,可根据以下特征对拆解线进行分类[101]。

（1）按照布局方式划分

根据拆解线的布局方式不同，可将拆解线分为直线型拆解线、U型拆解线和双边拆解线。直线型拆解线是将工作站沿直线布局在拆解线的一侧，是企业最常见的一种拆解线布局方式，适用于结构简单的废旧产品拆解，如电视机、冰箱等；U型拆解线是将工作站沿"U"形布局，"U"形布局下的工作站排列更紧凑，适用于回收数量波动较大，且结构复杂、类型多样的废旧产品拆解，如电脑、打印机等；双边拆解线是将工位沿着传送装置的两侧进行布局，适用于产品规模结构较大、占用空间多的废旧产品拆解，如起重机、公交车等。

（2）按照拆解产品的种类划分

根据拆解产品的种类不同，可以将拆解线分为单一产品拆解线和混流产品拆解线。单一产品拆解线是指在拆解过程中只拆解一种固定的废旧产品；混流产品拆解线是指同时对两种或两种以上结构相似的废旧产品进行拆解。

（3）按照机械化程度划分

根据拆解线的机械化程度不同，可将拆解线分为手工拆解线、机械化拆解线和自动化拆解线。手工拆解线是指废旧产品的拆解操作均由工人手工完成；机械化拆解线是指大部分零件的拆解操作由机器设备实现；自动化拆解线则是指所有零件拆解操作均由机器设备自动完成。

（4）按照拆解对象移动方式划分

根据拆解对象移动方式不同，可将拆解线分为固定拆解线和移动拆解线。固定拆解线是指拆解体即废旧产品固定不动，工人及设备围绕拆解体移动作业；移动拆解线是指拆解体按照一定速度移动，而工人和设备位置固定或只有小量的移动。

（5）按照拆解作业时间是否确定划分

根据废旧产品的任务拆解时间是否确定，可将拆解线分为确定型拆解线和随机型拆解线。若产品结构简单，拆解较容易，则零件的拆解时间相对比较固定，这样的产品可在确定型拆解线上进行拆解，通过自动化设备完成拆解作业。而一些产品结构复杂，零件之间关联紧密，在拆解过程中会产生相互干扰，此外，部分产品零件可升级、易损坏，这些因素都会导致零件拆解时间不确定，这类产品的拆解则应在随机型拆解线上进行。

此外，还可以根据拆解过程的连续程度，分为连续流水拆解线和间断流水拆解线；根据拆解线的节奏性，可以分为强制节拍流水拆解线、自由节拍流水拆解线和粗略节拍流水拆解线等。

3.2 拆解线平衡的基本概念

3.2.1 拆解线平衡相关术语

拆解线平衡问题是指在满足产品拆解先后关系和节拍时间约束条件下，寻找一个可行的产品拆解序列，该序列将拆解任务按照一定顺序分配至拆解线上各工作站，以最小化工作站开启数量和均衡各工作站的任务分配，同时满足优先拆解有危害零件及其他相关目标[8]。DLBP 所涉及的相关术语如下。

工作站，是指工人在拆解线上进行作业的独立区域（位置）。每个工作站配有固定机器设备和工人，可容纳一名或多名工人实施一项或多项拆解任务，工作站的拆解任务量即工作站的作业负荷。

节拍时间，是指拆解线上连续输入两个废旧产品的时间间隔，即输入一个废旧产品的平均时间。每个工作站需在指定节拍时间内完成所分配的拆解任务。

零件，是指拆解过程中形状不会发生改变的最小可重用单元。在拆解过程中，一个零件对应一项拆解任务。

拆解任务，又称作业元素，是指拆解一个零件所需的一系列不可再分的操作单元。例如，拆解电脑机箱外壳包括以下一系列动作：拿起螺丝刀，走到机箱面前，躬身拧下几颗螺丝并卸下外壳。在实际拆解过程中，以上一系列动作不可再分，即不需要由两名工人完成。一个拆解任务代表一个零件的拆解过程，即拆解任务与零件一一对应。

拆解任务时间，又称作业操作时间或作业时间，是指完成一项拆解任务，即拆解一个零件所需要的标准时间。

总拆解时间，是指拆解完毕一个废旧产品的所有零件所需的总作业时间。

工作站作业时间，是指完成分配到工作站全部拆解任务所需的作业时间总和，即该工作站上的所有拆解任务作业时间和。

工作站空闲时间，是指拆解过程中工作站上的机器设备或人员处于闲置状态的时间。工作站作业时间通常小于节拍时间，从而造成机器设备及工人的闲置，为了减少工作站空闲时间、提高生产效率，须合理分配拆解任务至各工作站，这是拆解线平衡问题所要优化的重要目标之一。

3.2.2 拆解优先关系图及优先关系矩阵

拆解产品零件需遵循的先后关系即拆解优先关系（precedence relationship），它是指根据产品结构和设计工艺，在拆解任务分配时必须满足的任务间的先后关系。如果必须在拆解零件 j 之后才能拆解零件 i，那么任务 i 与任务 j 之间即存在拆解优先关系。其中，任务 j 称为任务 i 的前驱任务，任务 i 称为任务 j 的后继任务。拆解优先关系图是对产品拆解任务间相互关系的一种直观表示，图 3-1 表示一个含有 10 个零件的产品拆解任务优先关系。圆圈内数字表示拆解任务，圆圈外的数字表示该任务的拆解时间，实线箭头表示拆解任务间的先后关系，虚线箭头表示任务间的顺序相依关系，斜体数字为干扰时间。以任务 3 为例，其拆解时间为 4 s，前驱任务为任务 1，后继任务为任务 6 和任务 5。如果要拆解任务 3，必须要在任务 1 完成拆解后进行，同理，若要拆解任务 5，则需先拆解其前驱任务 3 和前驱任务 2。

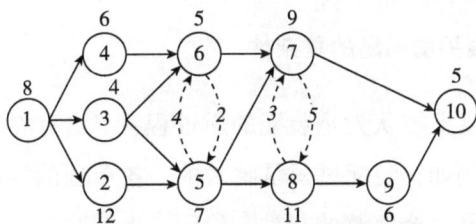

图 3-1　产品拆解优先关系图

　　某些产品结构复杂，在拆解过程中部分无先后关系的零件也会相互影响，阻碍优先拆解的零件以最便捷的方式操作，从而导致优先拆解的零件作业时间增加，这种无先后关系任务间的相互干扰，称为顺序相依关系。以图 3-1 中的任务 5 和任务 6 为例，两个任务之间无拆解先后关系约束，但是二者在拆解过程中会相互干扰。若任务 5 先拆解，任务 6 则会妨碍任务 5 的操作，导致任务 5 作业时间增加 2 s；反之，若任务 6 被优先分配，任务 5 也会阻碍任务 6 以最快捷的方式被拆解，从而导致任务 6 的拆解时间增至 9 s。相同情况也会发生在任务 7 和任务 8 的拆解过程中。

　　拆解优先关系图可直观地表示任务间的相互关系，但需对任务优先关系图进行数量化处理以便于计算，这就产生了拆解优先关系矩阵（Disassembly Precedence Matrix，DPM）。一个含有 N 个零件（任务）的产品，它的优先关系矩阵为 $N{\times}N$ 方阵，$DPM = [P_{ij}]_{N{\times}N}$。若任务 i 是任务 j 的前驱任务，则 $P_{ij} = 1$，否则 $P_{ij} = 0$，图 3-2 为图 3-1 对应的拆解优先关系矩阵。

	1	2	3	4	5	6	7	8	9	10
1	0	1	1	1	0	0	0	0	0	0
2	0	0	0	0	1	0	0	0	0	0
3	0	0	0	0	1	1	0	0	0	0
4	0	0	0	0	0	1	0	0	0	0
5	0	0	0	0	0	0	1	1	0	0
6	0	0	0	0	0	0	1	0	0	0
7	0	0	0	0	0	0	0	0	0	1
8	0	0	0	0	0	0	0	0	1	0
9	0	0	0	0	0	0	0	0	0	1
10	0	0	0	0	0	0	0	0	0	0

图 3-2　拆解优先关系矩阵

3.2.3 拆解线平衡问题的复杂性

拆解在某种程度上被认为是装配的逆过程，二者存在许多相似之处，但也有各自的特点。例如，装配过程是收敛的，各单独的零件经装配线组装作业后，最终流出的是一个完整的产品。然而，拆解过程是发散的，废旧产品经拆解线上的各个工作站处理后，都可能有零件的产出。另外，回收的废旧产品具有很强的不确定性，如产品质量、产品零件的数量、零件是否经过升级改造处理、拆解任务的时间，以及零件是否损坏、损坏程度等，此外在拆解时有危害零件还应做特殊处理。因此，拆解线平衡问题比装配线平衡问题更复杂，综合现有文献，二者差异对比如表 3-1 所示[6]。

表 3-1　装配线与拆解线平衡差异对比

考虑因素	装配线平衡	拆解线平衡
需求	依赖	依赖
需求的资源	单一	多种
需求的对象	产品	零件、组件
零件间先后关系	存在	存在
先后关系的复杂性	高（物理及功能上的先后约束）	中（主要是物理上的先后约束）
零件质量的不确定性	低	高
零件数量的不确定性	低	高
工作站及物料处理系统不确定性	低到中等	高
工作站及物料处理系统可靠性	高	低
多个产品	是	是
流向处理	收敛	发散
流水线的灵活性	低到中等	高
布局选择	多种	多种

续表

考虑因素	装配线平衡	拆解线平衡
性能指标复杂性	中等	高
已知性能指标	很多	无
零件缺失现象	无	有
零件分离现象	无	有
流水线的鲁棒性要求	中等	高
工作站库存间处理的复杂性	中等	高
已知的优化技术	多种	多种
问题的复杂性	NP-hard	NP-hard

3.2.4 拆解线平衡问题分类

拆解线平衡问题是 NP-hard 组合优化问题，可根据以下方式对拆解线平衡问题进行划分。

① 根据优化目标不同，拆解线平衡问题可分为：第 Ⅰ 类、第 Ⅱ 类和第 Ⅲ 类拆解线平衡问题。第 Ⅰ 类拆解线平衡问题是指给定工作站节拍时间，最小化工作站开启数量，记为 DLBP-Ⅰ。第 Ⅱ 类拆解线平衡问题是指拆解线的工作站数量一定，最小化工作站节拍时间，记为 DLBP-Ⅱ。第 Ⅲ 类拆解线平衡问题是指给定工作站数量的上下限，使拆解线总延误时间最短，记为 DLBP-Ⅲ。

② 根据拆解任务的作业时间是否随机，可将拆解线平衡问题划分为：随机型拆解线平衡问题和确定型拆解线平衡问题。

③ 根据优化目标的数量，可将拆解线平衡问题划分为：单目标拆解线平衡问题和多目标拆解线平衡问题。

④ 根据拆解线的布局方式，可将拆解线平衡问题划分为：直线型拆解线平衡问题、U 型拆解线平衡问题和双边拆解线平衡问题。

⑤ 根据是否考虑资源约束，可将拆解线平衡问题划分为：资源约束型拆解线平衡问题和无资源约束型拆解线平衡问题。

本书研究的顺序相依拆解线平衡问题是考虑拆解过程中任务间的相互影响，以布局方式进行分类的第Ⅰ类直线型、U型和双边拆解线平衡问题。

3.3 拆解线平衡问题数学模型

3.3.1 拆解线平衡问题模型一般描述

根据以上介绍，对拆解线平衡问题可做如下描述：给定一个无回路的有向图 $G=(E,P)$，其中 $E=\{1,2,\cdots,n\}$ 表示拆解任务集合，P 表示拆解任务之间的先后关系约束集，每个节点 $i \in E$ 都对应一个拆解时间 $t_i(i=1,2,\cdots,n)$。拆解线平衡问题就是求解节点集合 E 在拆解线上 m 个工作站的一个均衡划分 $E=\bigcup_{k=1}^{m} S_k$，使得每个工作站的作业时间 $ST_k(k=1,2,\cdots,m)$ 不超过节拍时间 CT。DLBP 在满足相关约束条件前提下，使得目标得到优化，约束条件为：

① 每个任务仅能分配到一个工作站。

$$S_p \cap S_q = \varnothing (p,q=1,2,\cdots,m \text{ 且 } p \neq q)。 \tag{3-1}$$

② 拆解任务须全部分配到工作站上。

$$\sum_{k=1}^{m} S_k = n。 \tag{3-2}$$

③ 工作站上任务分配须满足拆解先后关系约束。

$$\text{若 } P_{ij}=1, i \in S_p, j \in S_q, \text{则} p \leqslant q。 \tag{3-3}$$

④ 工作站的任务总作业时间须不超过节拍时间。

$$ST_k \leqslant CT, k=1,2,\cdots,m。 \tag{3-4}$$

3.3.2 第 I 类拆解线平衡问题数学模型

根据 3.3.1 给出的拆解线平衡问题一般模型，下面我们给出第 I 类拆解线平衡问题数学模型的相关参数、变量和约束条件。

（1）参数

M：工作站总数。

N：废旧产品零件数量，也表示拆解任务数量。

t_i：任务 i 的拆解时间（秒，s）。

CT：节拍时间。

DPM：$DPM = [P_{ij}]_{N \times N}$，表示拆解优先关系矩阵，若任务 i 为任务 j 的前驱任务，则 $P_{ij} = 1$，否则 $P_{ij} = 0$。

（2）变量

z_k：工作站 k 是否开启，若开启，则 $z_k = 1$，否则 $z_k = 0$。

x_{ik}：任务 i 是否被分配到工作站 k 上，若分配到，则 $x_{ik} = 1$，否则 $x_{ik} = 0$。

（3）约束条件

$$\sum_{k=1}^{M} x_{ik} = 1, \quad i = 1, 2, \cdots, N。 \tag{3-5}$$

$$x_{ik} \leq \sum_{k=1}^{M} x_{jk}, \forall P_{ij} = 1, \quad i, j = 1, 2, \cdots, N。 \tag{3-6}$$

$$\sum_{i=1}^{N} x_{ik} \times t_i \leq CT, \quad k = 1, 2, \cdots, M。 \tag{3-7}$$

式（3-5）保证每个任务仅能被分配到一个工作站；式（3-6）限制任务分配须满足拆解先后关系约束；式（3-7）限制工作站总作业时间不超过节拍时间。

第 I 类拆解线平衡问题的目标为给定节拍时间条件下，最小化工作站开启数量，目标函数表示为：

$$\min f = \sum_{k=1}^{M} z_k。 \tag{3-8}$$

以图 3-1 的 10 个零件组成的产品拆解为例，拆解序列 1{1,2,3,4,5,6,7,8,9,10} 和拆解序列 2{1,4,3,6,2,5,8,7,9,10} 满足产品拆解先后关系约束，为两个可行拆解序列。在不考虑任务间相互干扰，节拍时间为 20 s 的情况下，二者拆解任务在工作站上的分配如图 3-3 所示，可以看出虽然二者均为可行拆解序列，但序列 2 的任务在工作站上的分配更加均衡，仅需开启 4 个工作站，而序列 1 则需多开启 1 个工作站，意味着要增加相应的设备和工作人员，以及相关资源能源的投入。最小化工作站开启数量可降低企业固定成本，也是大部分企业重视的首要目标。

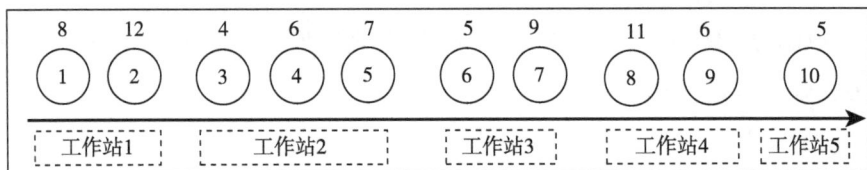

（a）序列 1 的任务分配

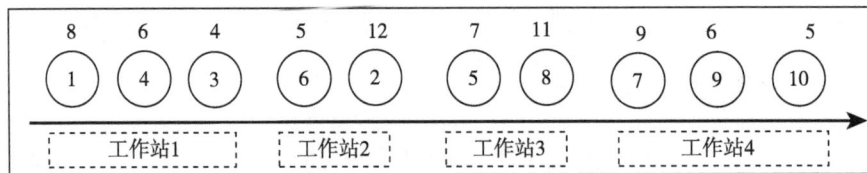

（b）序列 2 的任务分配

图 3-3　拆解任务分配

3.4　本书研究的顺序相依拆解线平衡问题

根据本章 3.1.2 介绍的拆解线分类情况，其中根据拆解线布局方式不同可分为直线型、U 型和双边拆解线。产品在拆解线上进行拆解时，部分零件之间存在相互干扰，会阻碍工人及机器设备以最便捷的方式进行作业，造成拆解时间增加，影响拆解线平衡。本书就是考虑拆解过程中任务间的相互干扰，根据拆解线布局方式不同，分别对第Ⅰ类直线型、U 型和双边顺序相依拆解线平衡问题进行研究。

考虑模型的普遍适用性，本书在针对不同布局模式的顺序相依拆解线平衡问题建模时，忽略极端特殊的情况，在建模时做以下假设：①所拆解的废旧产品内部构造相同，即同一类型产品所包含零件相似；②废旧产品质量良好，结构完整，不存在内部零件缺失、损坏及改造升级等情况；③废旧产品虽包含对环境和人体有危害的零件，但不存在有剧毒或在拆解时短时间内对人体或环境造成巨大危害的情形；④对废旧产品的拆解均为完全拆解，将所有零件拆解下来才停止作业；⑤拆解时所有零件任务都将在拆解线工作站上进行，不存在因零件损坏等因素造成后续零件的拆解中断；⑥拆解所得到的零件完整且功能完好，可进行再次销售；⑦工人技术熟练程度相同，不会因工人操作技能的不同而影响零件的拆解时间；⑧零件的基本拆解时间是确定的，部分零件之间会因拆解顺序的不同而相互干扰，造成拆解时间的增加，但时间增量是确定的；⑨生产节拍时间为常数；⑩零件需求量已知。

拆解线平衡问题属于组合优化问题，为 NP-complete，采用求解质量高且求解时间短的元启发式算法进行问题寻优更符合实际需求。目前，遗传算法、蜂群算法、粒子群算法、蚁群算法、变邻域搜索算法和禁忌搜索算法等元启发式算法已广泛应用于求解各种组合优化问题，但每种元启发式算法都只是一个基本的寻优框架，针对不同问题需要制定相应的编码解码方法、寻优策略及改进措施，以提高算法的整体寻优效率和寻优精度，因此，即使采用相同算法，求解不同的问题所采用的局部和全局搜索策略也将不同。

由于拆解线布局方式不同，任务在拆解线上的分配方式也有所区别。因此，每种拆解线平衡问题都具有其各自特点，对比结果如表 3-2 所示。直线型拆解线是将工作站沿直线依次排列，工人及机器设备在拆解线的一边进行操作作业，适合结构简单、拆解规模庞大的中小型产品自动化拆解。在拆解时，产品从入口方向进入拆解线，在直线排列的传动设备上依次传递通过已设置的工作站。U 型拆解线在布局时将工作站以逆时针方向依次排成 U 形，拆解线入口和出口在同一端，适合种类繁多、构造复杂，且回收数量波动较大的产品拆解。在拆解时，任务可从 U 型拆解线的前向、后向或双向同时进行分配，以便更快地完成拆解作业。双边拆解线在布局时将工位沿着传送装置分布在拆解线的左、右两边，从而形成两个独立的工作区域，拆解任务可在两边工位独立、并行完成，适合体积庞大、占用空间多的大型产品拆解。由于双边拆解线可左右两边并行分配任务，其在任务分配过程中具有直线型和 U 型拆解线所不具备的操作方位约束，即产品的某些任务只能由左边、右边或者任意一边工位完成。

表 3-2　3 种类型顺序相依拆解线平衡问题对比结果

对比因素	直线型	U 型	双边
工作站分布	单边	单边	两边
操作方位约束	无	无	有
作业等待时间	不存在	不存在	存在
并行作业	否	否	是
入口与出口方向	不同侧	同侧	不同侧
任务分配灵活性	低	高	高
适合拆解产品	中小型	中小型	大型

在设计元启发式算法对以上问题进行求解时，需根据相应问题特点有针对性地制定编码、解码规则，以及搜索策略，以快速搜索到问题的更好解决方案。为此，针对直线型、U 型和双边顺序相依拆解线平衡问题，本书分别设计了改进的离散人工蜂群算法、自适应进化动态邻域搜索算法和双种群协作遗传算法进行求解，具体算法的编码解码规则、改进的搜索策略及不同算法间的比价将在第 4~第 6 章详细阐述。

3.5　本章小结

科技进步导致产品更新换代速度加快，人们的个性化消费和激烈的市场竞争也促使产品生命周期缩短，由此产生了大量废旧产品。人类在享受科技发展带来的物质财富的同时，也在加快消耗有限的自然资源。全球正面临日益严重的资源短缺和环境污染问题，因此废旧产品的回收再利用具有十分重要的意义和价值。

目前我国的废旧产品回收处理行业仍处于发展初期，仅限于传统意义或狭义上的"原材料"回收，整个行业存在技术标准不完善、回收处理工艺落后等问题。产品在拆解过程中往往被改性并降级处理，产品附加值低，大大降低了资源化利用的经济效益。为了有效解决回收再制造过程中存在的问题，许多国家制定了一系列法律法规。在我国，《废弃电器电子产品回收处理管理条例》《废弃电器电子产品规范拆解处理作业及生产管理指南》等法规相继出台。日本和德国等国家施行"谁生产，谁负责"制度，废弃物回收再利用的效果都得到了很大改善。

拆解是产品再制造的前提，对整个回收再制造系统有着重要的意义。通过拆解，可将废旧产品中有价值或有危害的零件从产品中分离出来。然而，在拆解过程中，零件的拆解具有一定的先后关系，拆解顺序是否合理直接影响工作站开启数量、拆解效率，以及拆解过程对人类和环境的危害。因此，研究拆解线平衡问题具有重大的现实意义。本章对拆解线平衡问题相关理论进行详细论述，并对拆解线平衡问题进行分类，针对第 I 类拆解线平衡问题进行建模，为后续研究做好铺垫。

第4章
直线型顺序相依拆解线平衡问题优化

一般拆解线平衡问题仅考虑任务间的先后关系约束，然而在实际拆解过程中，即使无先后关系的零件之间也会相互干扰，导致部分零件不能以最快捷的方式被拆解，从而造成拆解任务作业时间增加，影响拆解线平衡，此类问题即为顺序相依拆解线平衡问题（Sequence Dependent Disassembly Line Balancing Problem，SDDLBP）。与一般 DLBP 相比，SDDLBP 更加复杂，求解难度更大，但也更符合实际拆解情况。本章针对直线型拆解线，从经济、环境和资源角度出发，以最小化工作站开启数量、最短总拆解时间、均衡工作站空闲时间、尽早拆解有危害和高需求零件为目标建立多目标直线型 SDDLBP 优化模型，并提出一种改进离散人工蜂群算法进行求解。

4.1 直线型顺序相依拆解线平衡问题描述

SDDLBP 考虑无先后关系约束任务间的相互影响，以图 4-1 包含 6 个零件的废旧产品（P6）拆解为例，圆圈内数字代表任务编号，圆圈外数字为该任务拆解时间，实线箭头表示任务先后关系，虚线箭头表示任务间相互干扰，虚线上斜体数字为干扰时间。由图可知，任务 2/3、任务 4/5 之间无先后关系约束，但存在顺序相依关系。以任务 4/5 为例，在拆解过程中，如果任务 4 先于任务 5 拆解，任务 5 将阻碍任务 4 以最便捷的方式作业，导致任务 4 实际拆解时间增至 4 s，增量为 1 s；相反，如果任务 5 在任务 4 之前拆解，由于任务 4 的阻碍，任务 5 实际拆解时间将增至 17 s，增量为 15 s。

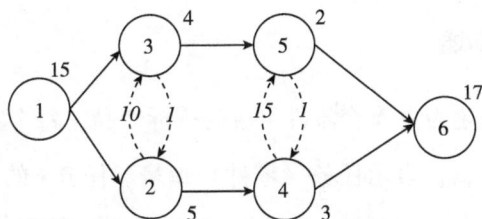

图 4-1　P6 产品任务先后关系

直线型拆解线是指在建立拆解线时，工作站按直线依次排列，工人和机器设备在拆解线的一侧进行操作作业。废旧产品从入口方向进入拆解线，在直线排列的传动设备上依次传递通过已设置的工作站，由工人和机器设备完成废旧产品零件的拆解任务。直线型拆解线的优点是布局简单，工人仅参与一项或几项任务的作业，工作效率高，适用于单一产品大批量拆解。图 4-2 是节拍时间为 20 s 条件下，P6 产品的一种可行拆解序列在直线型拆解线上的任务分配情况。本章研究的直线型 SDDLBP（Straight SDDLBP，SSDDLBP）是在满足产品零件先后关系和工作站节拍时间约束前提下，考虑拆解过程中任务间的相互影响，将拆解任务均衡分配至直线型拆解线的各工作站，以实现多目标优化。

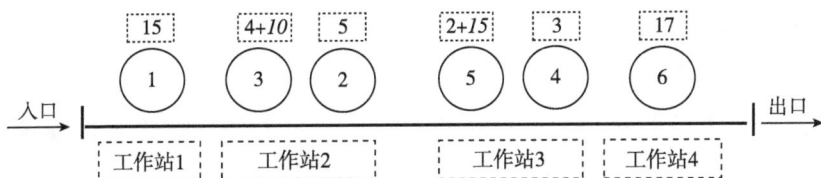

图 4-2　P6 产品在直线型拆解线上的任务分配情况

4.2　直线型顺序相依拆解线平衡问题数学模型

4.2.1　模型描述

SSDDLBP 可描述为由 N 个零件组成的待拆产品，每个零件对应一项拆解任务，i、$j = 1, 2, \cdots, n$，表示任务（零件）编号。任务 i 的拆解时间为 t_i，若任务 i 先于任务 j 拆解，且任务 j 对任务 i 的作业产生阻碍，则任务 i 的实际拆解时间为 $t_i' = t_i + \sum\limits_{j=1}^{n} sd_{ji}$，其中 sd_{ji} 表示任务 j 对任务 i 的阻碍造成的拆解时间增量。工作站数量为 m，废旧产品流入直线型拆解线的节拍时间为 CT，工作站 $k(k = 1, 2, \cdots, m)$ 的总作业时间为 ST_k，空闲时间为 IT_k。$DPM = [P_{ij}]_{N \times N}$，表示拆解任务先后关系矩阵，若任务 i 为任务 j 的前驱任务，则 $P_{ij} = 1$，否则 $P_{ij} = 0$，PS_l 表示拆解任务序列第 l 个位置对应的零件编号。

4.2.2　符号设置

（1）索引

k：工作站序列号，$k = 1, \cdots, m$。

i：任务（零件）编号，$i = 1, \cdots, n$。

j：任务（零件）编号，$j = 1, \cdots, n$。

（2）参数

m：工作站总数量。

n：产品零件数量，一个拆解任务对应一个零件，因此 n 也表示任务数量。

t_i：任务 i 的标准拆解时间（秒，s）。

sd_{ij}：若任务 j 在任务 i 之前拆解，任务 i 干扰任务 j 的作业，导致的任务 j 的拆解时间增加量。

t_i'：任务 i 在拆解过程中的实际拆解时间 $t_i' = t_i + \sum_{j=1}^{n} sd_{ji}$，即标准时间与受干扰时间之和。

P_l：在拆解序列第 l 个位置上的任务编号。例如，一个可行拆解序列 $\{1,5,2,3,6,8,7,4\}$，在该序列第 2 个位置上的任务编号为 $P_2 = 5$。

d_i：零件 i 的需求量。

h_i：拆解任务 i 是否对环境或人体健康有危害；若有危害，则 $h_i = 1$，否则 $h_i = 0$。

CT：节拍时间，即流入拆解线的两个废旧产品的时间间隔，也意味着废旧产品在每个工作站上的最长处理时间。

ST_k：表示工作站 k 的总作业时间。

IT_k：表示工作站 k 的空闲时间。

DPM：$DPM = [P_{ij}]_{N \times N}$，表示拆解任务先后关系矩阵，若任务 i 为任务 j 的前驱任务，则 $P_{ij} = 1$，否则 $P_{ij} = 0$。

（3）变量

z_k：为 0-1 变量，表示工作站 k 是否开启，若开启，则 $z_k = 1$，否则 $z_k = 0$。

y_{ij}：为 0-1 变量，若任务 i 在任务 j 之后拆解，则 $y_{ij} = 1$，否则 $y_{ij} = 0$。

x_{ik}：为 0-1 变量，表示任务 i 是否被分配到工作站 k 上，若分配到，则 $x_{ik} = 1$，否则 $x_{ik} = 0$。

4.2.3　模型构建

废旧产品回收再制造可实现原材料的再利用和零件的再制造，以降低污染、节约资源，对循环经济的发展及社会可持续发展起着重要的作用。企业在回收拆解废旧产品过程中，需实现机械化、无污染、高效率，不仅要考虑经济效益，更要考虑环境效益。因此，产品拆解序列的选择与任务的均衡分配是一个多目标决策过程，需从经济、环境和资源等多个角度综合考虑。基于此，本章以最小化工作站开启数量、最短总拆解时间、均衡工作站空闲时间、尽早拆解有危害和高需求零件为目标建立多目标 SSDDLBP 优化模型。

（1）目标函数

① 最小化工作站开启数量（NWS），以降低人力、物力等资源的投入成本。再制造企业在进行产品拆解时，需将成本降至最少，而在进行废旧产品拆解时，所需的工作站开启数量直接决定拆解线的运行成本，工作站开启数量越多意味着所需要的配套设施和工作人员相应越多，这将造成企业前期投入的人力、物力等成本增加，最小化工作站开启数量可将企业的相关固定成本投入降到最低。

$$\min f_1 = \sum_{k=1}^{m} z_k。 \tag{4-1}$$

② 最短总拆解时间（DT），以降低操作工人和机器设备作业负荷。拆解线上废旧产品的作业时间越长，意味着工人的劳动负荷及机器设备的作业负荷也就越大，同时需要消耗的相关资源能源也将越多。

$$\min f_2 = \sum_{k=1}^{m} ST_k。 \tag{4-2}$$

③ 均衡工作站空闲时间即平滑指数（SI），以保证各工作站作业负荷相对均衡，从而保障拆解效率，避免工作站拆解任务分配不均衡导致工人工作效率降低等现象发生。

$$\min f_3 = \sum_{k=1}^{m} z_k \times IT_k^2。 \tag{4-3}$$

④ 尽早拆解有危害零件（H），以降低对人体健康和环境的危害。回收的废旧产品中通常包含有害物质。例如，显示器的荧屏及电路板中含有金属铅，会损伤人的中枢和脑神经系统、血液及生殖系统，影响大脑发育，且能在环境中累积，对动植物、微生物都有强烈且长久的影响；主板和键盘底片中的铍可导致皮肤病，甚至若干年后仍会有"铍长期症"，还能导致肺癌。这些物质不但会对工人的身体健康造成危害，还会给生态环境造成严重威胁，因此，

需优先特殊处理这些零件，以将危害降到最低。

$$\min f_4 = \sum_{l=1}^{n} (l \cdot h_{PS_l}) \text{。} \qquad (4-4)$$

⑤ 尽早拆解高需求零件（D），使经济效益最大化。需求指标越高的零件，所带来的经济效益也越大。因此，为了避免在拆解过程中对这些零件造成损坏，降低其本身的价值，高需求零件应优先拆解。

$$\min f_5 = \sum_{l=1}^{n} (l \cdot d_{PS_l}) \text{。} \qquad (4-5)$$

（2）约束条件

① 每个任务仅能被分配到一个工作站。

$$\sum_{k=1}^{m} x_{ik} = 1, \quad i = 1, 2, \cdots, n \text{。} \qquad (4-6)$$

② 任务分配须满足拆解先后关系约束。

$$x_{ik} \leqslant \sum_{k=1}^{m} x_{jk}, \quad \forall P_{ij} = 1, i, j = 1, 2, \cdots, n \text{。} \qquad (4-7)$$

③ 每个工作站上总作业时间不超过节拍时间。

$$ST_k \leqslant CT, \quad k = 1, 2, \cdots, m \text{。} \qquad (4-8)$$

④ 每个任务实际拆解时间为该任务的标准时间与受其他任务干扰的时间增量之和。

$$t'_j = t_j + \sum_{i=1}^{n} sd_{ij} \times y_{ij}, \quad j = 1, \cdots, n \text{。} \qquad (4-9)$$

⑤ 开启工作站的数量上限为拆解线上的总工作站数量；下限为理想状态下将所有任务分配到各工作站，且工作站的理论空闲时间为 0 的情况下所开启工作站数量。

$$\left\lceil \frac{\sum_{i=1}^{n} t_i}{CT} \right\rceil \leqslant \sum_{k=1}^{m} z_k \leqslant m \text{。} \qquad (4-10)$$

4.2.4　已有 SDDLBP 优化模型的不足

Kalayci 等[9-17] 指出在优化求解 SDDLBP 时，当拆解线上各工作站空闲时间基本一致时，则表示拆解线达到了最佳工作站平衡状态，即式（4-3）均衡工作站空闲时间可兼顾最小化工作站开启数量这一目标，因此，在模型构建时可以不考虑式（4-1）最小化工作站开启数量。经本章验证，该观点在求解一般 DLBP 中成立，但在求解 SDDLBP 时并不成立，具体证明过程如下。

以图 4-1 的 P6 产品拆解为例，拆解序列 $S_1\{1,2,3,4,5,6\}$ 和 $S_2\{1,3,2,5,4,6\}$ 满足产品拆解先后关系约束，可将产品零件顺利拆解，为该产品两个可行拆解序列。然而在实际拆解过程中，受任务间顺序相依关系影响，某些任务不能以最便捷的方式操作，造成实际拆解时间增加。拆解序列 S_1 的总拆解时间增加量为 $SD_1 = sd_{32} + sd_{54} = 1\text{ s} + 1\text{ s} = 2\text{ s}$，$S_2$ 的总干扰时间为 $SD_2 = sd_{23} + sd_{45} = 10\text{ s} + 15\text{ s} = 25\text{ s}$。拆解序列 S_1、S_2 在工作站上的任务分配如图 4-3 所示。在满足工作站节拍时间 $CT = 20\text{ s}$ 条件下，拆解序列 S_1 和 S_2 工作站开启数量分别为 $NWS_1 = 3$、$NWS_2 = 4$，平滑指数分别为 $SI_1 = 5^2 + 4^2 + 3^2 = 50$、$SI_2 = 5^2 + 1^2 + 0^2 + 3^2 = 35$。

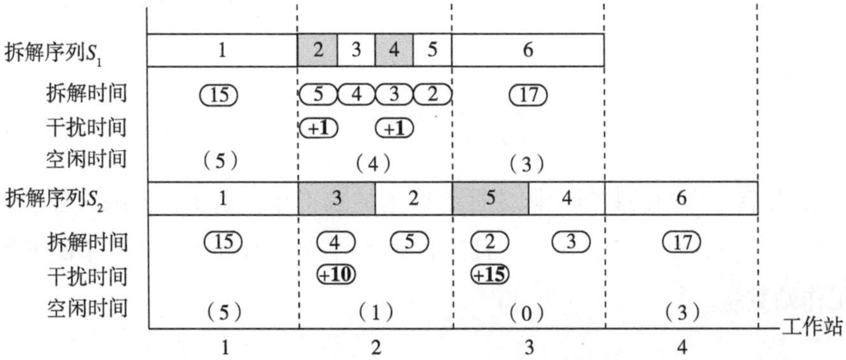

图 4-3　拆解序列 S_1、S_2 在工作站上的任务分配

通过以上结果可以得出：$SI_2 < SI_1$，但 $NWS_2 > NWS_1$。虽然拆解序列 S_2 的平滑指数明显小于 S_1，但其工作站开启数量比 S_1 多一个，将造成相关投入成本增加。究其原因在于：S_2 在拆解过程中，选择了更加"蹩脚"（受其他任务干扰时间长）的任务优先拆解，即任务 3 先于任务 2、任务 5 先于任务 4 拆解，从而造成拆解任务总干扰时间增加，工作站开启数量增多。因此，在求解 SDDLBP 时，由于任务间存在顺序相依关系，最小化平滑指数不能兼顾最小化工作站开启数量这一目标，此外，还有必要考虑总拆解时间最短这个重要目标，从而避免在拆解过程中为了均衡工作站空闲时间，而选择受干扰时间长的任务优先拆解，造成总拆解时间增长，以至于工人及设备作业负荷和其他相关能耗的额外增加。

4.3 标准人工蜂群算法

4.3.1 人工蜂群算法基本原理

受自然界蜂群觅食行为的启发，Karaboga 于 2005 年首次提出人工蜂群（Artificial Bee Colony，ABC）算法。人工蜂群由雇佣蜂、观察蜂和侦察蜂 3 种角色蜜蜂构成，其中雇佣蜂与观察蜂负责局部开采蜜源（exploration），侦察蜂负责全局探测蜜源。3 种蜜蜂分工协作，共同完成最优蜜源的搜索，工作原理如下。

侦察蜂首先随机探测花蜜，寻找到花蜜后转变成雇佣蜂，并将蜜源相关信息，如蜜源方向、与蜂房的距离和花蜜的丰富程度等记录下来，然后将花蜜运回蜂房。当雇佣蜂将花蜜在蜂房卸下后，便会在蜂房附近的特定区域内"跳舞"，将其记录的有关蜜源信息传递给在蜂房中等待的观察蜂，以引领观察蜂前往蜜源继续深度开采。

观察蜂在蜂房中等待雇佣蜂，当观看完所有雇佣蜂的舞蹈后，将根据雇佣蜂传递的相关蜜源信息，通常以轮盘赌的方式选择雇佣蜂跟随，因此携带蜜源质量越高的雇佣蜂被选择跟随的概率越大。观察蜂跟随雇佣蜂继续对所选择的蜜源进行深度开采。

当蜜源被开发完毕，雇佣蜂将放弃对该蜜源的开采并转变成侦察蜂，在蜂房周围随机探测新蜜源。若发现更好的新蜜源，侦察蜂则变回雇佣蜂，然后将花蜜运回蜂房，并将记录的蜜源信息传递给等待的观察蜂，引领观察蜂继续开采蜜源。3 种蜜蜂按照各自角色开采蜜源，整个寻蜜过程如图 4-4 所示。

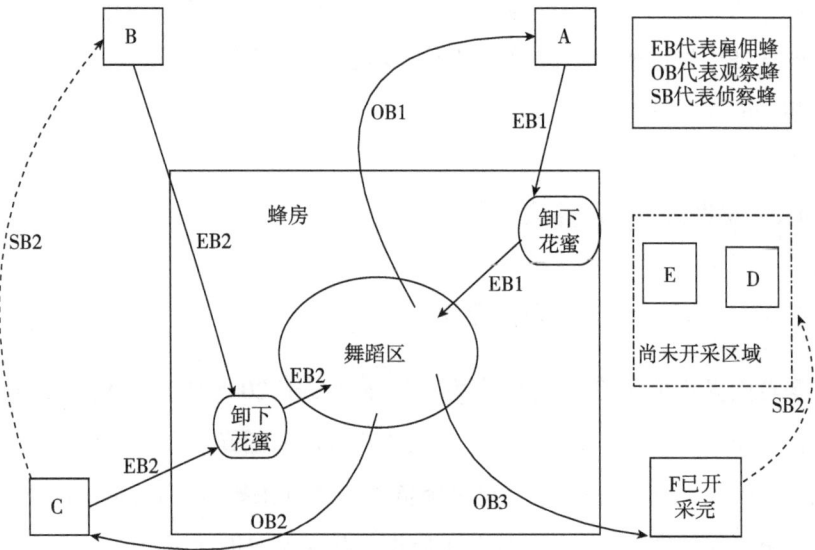

图 4-4　蜜蜂寻蜜过程

在 ABC 算法中，蜜源表示所求问题的可行解，蜜源的质量即解的质量（用适应值表示），寻找新蜜源的过程就是问题的求解过程。ABC 算法包括 3 个控制参数：种群数量即蜜源数量（SN）、角色控制转换阈值（$upLimit$）和算法终止条件（迭代次数或时间，$maxTime$），具体说明如下。

（1）种群数量 SN

在 ABC 算法中，每个蜜源 x_i 代表问题的一个可行解，蜜源的花蜜量对应解的质量，即解的适应值。雇佣蜂与观察蜂一次仅能开采一个蜜源，因此雇佣蜂数量等于观察蜂数量又等于蜜源数量。种群数量在一定程度上影响算法寻优速度，种群数量越大，其搜索空间也越广泛，但搜索时间也随之增加；而种群数量越小，虽然搜索速度快，但搜索空间较窄。

（2）角色控制转换阈值 $upLimit$

当蜜源经过 $upLimit$ 次开采后仍未改进，则视其已被开采完毕，雇佣蜂将放弃对该蜜源的开采，转变成侦察蜂对新蜜源进行搜索。$upLimit$ 对 ABC 算法整体性能的影响非常灵敏，它决定着雇佣蜂对蜜源的局部搜索程度及跳出局部最优的能力。如果阈值设置过大，蜜蜂对蜜源开采时间过长，会陷入局部最优，从而影响搜索效率。如果阈值设置过小，对当前蜜源开采时间过短，虽能及时跳出局部最优，但很可能错过对更高质量蜜源的开采，反而降低了算法的收敛速度。

（3）算法终止条件 $maxTime$

在指定时间或求解次数内，算法能够获得问题的最优或近似最优（满意）解。对于大规模问题，$maxTime$ 的取值越大通常所能搜索到的近似最优解也会越好，但是所花费的时间也越长。

4.3.2　人工蜂群算法框架流程

在 ABC 算法中，雇佣蜂、观察蜂和侦察蜂 3 种角色蜜蜂履行各自职能，不断搜索新蜜源直到满足算法停止条件，整个流程如图 4-5 所示。

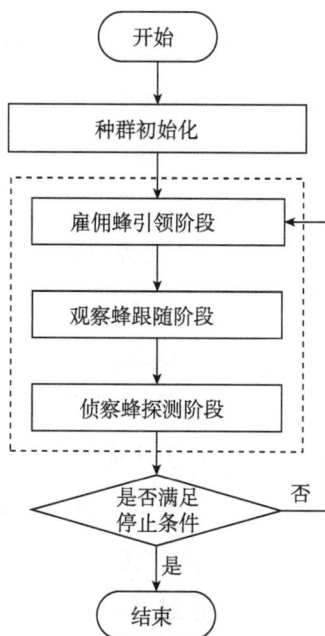

图 4-5　人工蜂群算法流程

（1）种群初始化阶段

在 ABC 算法中，一个食物源用一个 n 维向量表示 $X_i = \{x_{i1}, x_{i2}, \cdots, x_{in}\}$，一个包含 SN 个蜜蜂（食物源）的种群，其初始化过程按照式（4-11）随机产生。

$$x_{ij} = LB_j + r \times (UB_j - LB_j), \quad j = 1, 2, \cdots, n \text{ and } i = 1, 2, \cdots, SN。 \quad (4-11)$$

式中，r 表示 ［0, 1］ 区间的随机数；UB_j 与 LB_j 分别表示维度 j 的上下边界。

（2）雇佣蜂引领阶段

雇佣蜂在已开采蜜源基础上随机搜索，若发现更丰富的蜜源，则放弃原有蜜源而贪婪地选择更丰富的蜜源继续开采，并记录新蜜源的相关信息。雇佣蜂搜索新蜜源过程如式（4-12）所示，若新蜜源优于原有蜜源则更新，否则保持不变。

$$x_{\text{new}} = x_{ij} + (x_{ij} - x_{kj}) \times r'。 \tag{4-12}$$

式中，k 在 $\{1, 2, \cdots, SN\}$ 内随机取值，j 在 $\{1, 2, \cdots, n\}$ 内随机取值，且 $k \neq j$。r' 表示 $[-1, 1]$ 区间的随机数，控制新蜜源 x_{new} 与原有蜜源 x_{ij} 的距离。

（3）观察蜂跟随阶段

当雇佣蜂开采完蜜源后，将花蜜运回蜂房并将蜜源信息传递给观察蜂，观察蜂根据式（4-13）以轮盘赌的方式选择雇佣蜂跟随，并对该蜜源进一步深度开采。

$$p_i = \frac{f_i}{\sum\limits_{i=1}^{SN} f_i}。 \tag{4-13}$$

式中，f_i 表示第 i 个雇佣蜂搜索到的蜜源质量，SN 为蜜源的数量，与雇佣蜂的数量一致。

（4）侦察蜂探测阶段

若蜜源 x_i 经过 $upLimit$ 次迭代后仍未改进，则视为该蜜源已被开采完毕，将被抛弃，负责开采该蜜源的雇佣蜂将转变成侦察蜂，然后根据式（4-11）随机搜索新蜜源，搜索到新蜜源后，侦察蜂又转变回雇佣蜂。

4.3.3 人工蜂群算法研究现状

自 Karaboga 提出 ABC 算法以来，由于其良好的觅食分工行为及较强的自组织能力，在应用中表现出了较强的空间搜索能力和精准的求解能力。此外，ABC 算法参数设置少、操作简便、易于实现，因此在生产调度、工业设计、智能交通、航空系统、物流配送等领域均得到了广泛应用。

车间调度是 ABC 算法的一个主要应用领域，Pan 等[187] 将一种离散型 ABC 算法应用到大批量车间调度问题之中。该算法在生成初始种群过程中采用多种启发式算法，以提高初始解的质量和多样性，在局部搜索过程中采用插入和交换操作，以提高搜索效率；Zhang 等[188] 也提出一种新的 ABC 算法，并采用树搜索算法进行局部搜索，以增强蜂群的开发能力；Gao 等[189] 将车间调度问题分成调度和再调度两个阶段，并提出了两阶段 ABC 算法进行求解；王凌等[190] 针对不相关并行机混合流水线调度问题的特点，提出了一种有效的 ABC 算法。在局部搜索时设计了 3 种邻域搜索方法以扩大搜索空间，在全局搜索时采用随机搜索策略以跳出局部最优。

ABC 算法在装配线问题研究中也得到了广泛的应用，Akpinar 等[191] 将 ABC 算法应用到混流装配线问题中，并提出一种多种群混合蜂群算法，每个种群采用不同的启发式规则对蜜源进行开采；Saif 等[192] 考虑装配时间不确定的多目标装配线平衡问题，采用一种基于帕累托的 ABC 算法，该方法采用小生境技术和精英保留策略获取帕累托解集；Tang 等[35] 将 ABC 算法应用到双边装配线问题中，双边装配线比单边装配线具有更短的生产线长度和更短的工人行走距离，并提出了一种高效的离散型蜂群算法求解 type-Ⅱ装配线平衡问题；Tapkan 等[37] 分别将蜂群和人工蜂群算法应用到双边装配线平衡问题优化中，以高效解决汽车、电冰箱等大规模产品的装配问题。

在其他方面，靳金涛等[193] 为解决船舶建造的分段制造问题，建立了空间资源受限项目调度问题的数学模型，在串行调度生成方案、基于配置空间理论的启发式二维空间分配算法等基础上，提出基于 ABC 算法的空间资源受限项目调度算法。Rodriguez 等[194] 将 ABC 算法应用到最大分组问题中。分组问题是一种复杂的优化问题，是按照一定的尺寸规格，将集合中的元素分配到不同组中，以最大化分组数量。Szeto 等[195] 将一种改进的 ABC 算法应用到运输问题中，并通过算例验证其良好的性能。Chaves-González 等[196] 将 ABC 算法应用到纳米技术和基因工程中，为了构造可靠的 DNA 序列，提出了一种多目标 ABC 算法，以保证生成合理的基因序列。Alvarado-Iniesta 等[197] 将 ABC 算法应用到车间的物料流动问题中。在标准时间内寻找最优物料分配方案，以最小化工人从仓库搬运物料到车间不同产品生产线的距离，从而减少原材料浪费，节约时间成本，提高生产效率。

此外，为了解决电力系统中污染气体排放和网损问题，刘前进等[198] 建立多目标电力系统最优潮流数学模型，并提出一种基于 ABC 算法的多目标算法。该算法利用外部存档法保存帕累托最优解，并根据模糊集理论从帕累托最优解集中选取最优折中解。李牧东等[199] 将改进 ABC 算法应用到无线传感器网络定位中，提出一种自适应蜂群算法以提高定位的精度和稳定性。罗陆锋等[200] 为了提高采摘机器人和水果自动分级的目标识别速度，将蜂群算法应用到果实图像分割问题中，提出了一种改进的人工蜂群优化 FCM 算法的图像分割方法。阮羚等[201] 将 ABC 算法应用到土壤分层电阻率模型反演中，提出了一种用于土壤分层结构反演的混沌池蜂群算法。该算法在 ABC 算法基础上，加入混沌搜索算子和混沌池。

更多关于人工蜂群算法的研究可参阅秦全德等[202] 对人工蜂群算法的综述。

4.4　改进的离散人工蜂群算法

在标准 ABC 算法中，雇佣蜂、观察蜂在单一邻域内"开采"蜜源，侦察蜂在整个解空间内随机"探测"新蜜源，这在一定程度上限制了算法的搜索效率。此外，ABC 算法在设计之初是为了解决连续性组合优化问题，然而 SSDDLBP 具备离散性特点，因此，标准的 ABC 算法并不适合求解 SSDDLBP。为了解决以上问题，本章提出一种改进离散人工蜂群（Improved Discrete Artificial Bee Colony，IDABC）算法，该算法在搜索蜜源过程中设计了简化变邻域搜索（Reduced Variable Neighborhood Search，RVNS）策略，并在雇佣蜂、观察蜂和侦察蜂履行各自职能的时候，构造了相应的搜索和选择策略，以提高算法的整体寻优效率，所提的 IDABC 算法流程如图 4-6 所示。

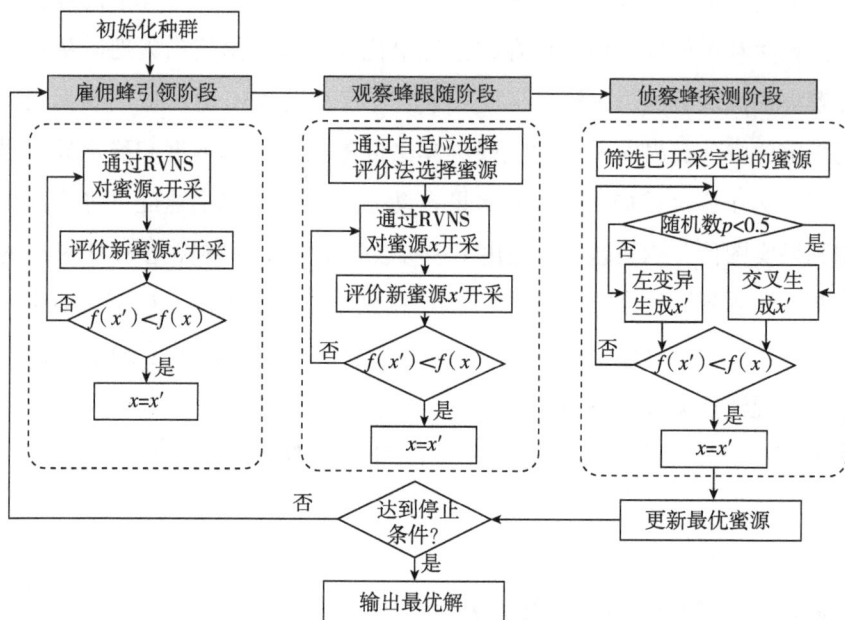

图 4-6　IDABC 算法流程

4.4.1　编码与解码

（1）编码过程

SSDDLBP 是一个离散的组合优化问题，问题的可行解就是产品零件被拆解的顺序，即任务拆解顺序，这个顺序必须满足任务拆解先后关系约束。我们在 4.2.2 参数定义中给每个零件对应的拆解任务一个整数编号，用编号代表拆解任务，按照零件被拆解的顺序，把拆解任务的编号排列起来，所组成的一个整数序列就是问题的一个可行解。因此，本章采用整数排列编码方式表示问题的可行解，其中数字代表拆解任务编号，从左向右的顺序表示任务的拆解顺序。例如，一个由 8 个零件组成的电脑主机 P8 需先拆解机箱盖，然后才能继续对机箱内部其他零件进行拆解，零件的拆解具有先后关系约束。此外，由于软盘和硬盘驱动器位置紧密，在拆解时会相互影响，PCI 卡与内存条也存在拆解干扰现象，这将导致相关零件拆解时间的增加。具体的任务拆解先后关系和顺序相依关系如图 4-7 所示，拆解任务的详细信息如表 4-1 所示。一整数排列 {1，5，2，3，6，8，7，4} 表示首先进行任务 1 的作业操作，即将机箱盖拆解下来，然后执行任务 5，接着按照整数排列的顺序从左向右依次进行相应任务的拆解作业，最后拆解任务 4，这样则可将产品拆解完毕。该序列满足图 4-7 产品任务先后关系，因此可表示该产品的一个可行拆解序列。

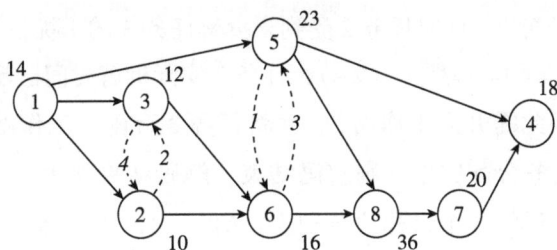

图 4-7　P8 任务拆解先后关系和顺序相依关系

表 4-1　P8 拆解任务的详细信息

零件	任务 i	时间 t_i	危害 h_i	需求 d_i
机箱盖	1	14	0	360
软盘驱动器	2	10	0	500
硬盘驱动器	3	12	0	620
机箱外壳	4	18	0	480
PCI 卡	5	23	0	540
内存条	6	16	0	750
电源	7	20	1	295
主板	8	36	0	720

（2）解码过程

解码过程是在满足工作站作业时间不超过节拍时间前提下，考虑无先后关系任务间的相互干扰，按照整数排列顺序依次将任务分配至工作站，并计算各目标函数值。以可行拆解序列$\{1,5,2,3,6,8,7,4\}$为例，设节拍时间$CT=42$ s，解码过程如下：首先开启工作站1并分配任务1，此时工作站1的作业时间$ST_1=14$ s，空闲时间$IT_1=42$ s-14 s$=28$ s；随后分配任务5，由于受到任务6的干扰，任务5的实际拆解时间$t'_5=t_5+sd_{65}=23$ s$+3$ s$=26$ s$<IT_1$（28 s），故可将任务5分配至工作站1，此时$ST_1=14$ s$+26$ s$=40$ s，$IT_1=42$ s-40 s$=2$ s；继续分配任务2，此时任务2受到未拆解任务3的干扰，总拆解时间$t'_2=t_2+sd_{32}=10$ s$+4$ s$=14$ s$>IT_1$（2 s），任务2实际拆解时间已超出工作站1当前空闲时间，因此需开启工作站2，并将任务2分配至工作站2中，以此类推，直至所有任务分配完毕，则解码结束，解码结果如表4-2所示，同时，可求得此拆解序列的各个目标值分别为：$NWS=4$，$DT=156$，$SI=56$，$H=7$，$D=19\,395$。

表4-2 解码结果

工作站	拆解任务实际拆解时间/s								作业时间/s	空闲时间/s
	1	5	2	3	6	8	7	4		
1	14	23(+3)							40	2
2			10(+4)	12	16				42	0
3						36			36	6
4							20	18	38	4

总拆解时间$DT=14+26+14+12+16+36+20+18=156$，平滑指数$SI=2^2+0^2+6^2+4^2=56$，危害指数$H=1\times7=7$，需求指数$D=360\times1+540\times2+500\times3+620\times4+750\times5+720\times6+295\times7+480\times8=19\,395$

4.4.2 种群初始化阶段

在人工蜂群算法中，初始解的质量在一定程度上影响算法的求解效率，因此，研究者设计了一系列启发式算法用于构建初始解，其中包括：①最大任务处理时间（Longest Processing Time，LPT），即按照拆解处理时间排序，处理时间长的任务优先拆解；②最大总后继任务数（Maximum Total Number of Successor Tasks，MTNST），即按照后继任务数量排序，后继任务数量多的任务优先拆解；③最大平均位置权重（Maximum Average Ranked Positional Weight，MARPW），即考虑任务自身的拆解时间及其所有后继任务拆解时间的平均值，平均值大的任务优先拆解；④最大总后继任务处理时间（Maximum Total Processing Time of Successor Tasks，MTPTST），即所有后继任务的总拆解时间长的任务优先拆解等，具体细节可参考相关文献[37]。

为了保证初始蜜源质量和种群多样性，本章在初始解生成阶段采用启发式规则与随机生成相结合的混合生成策略。先采用 LPT 和 MTNST 两种启发式算法分别生成一个具有前途的初始解；然后采用面向工作站的随机生成法构造种群中其余的 $SN-2$ 个初始解。初始解采用 4.4.1 的整数排列编码表示，初始解生成时首先满足产品拆解先后关系构造可选任务集 C^*；其次考虑节拍时间约束和任务间的顺序相依关系，从 C^* 中筛选生成可分配任务集 A^*；最后根据启发式规则或随机从 A^* 中选取一个任务分配至当前工作站，直至所有任务分配完毕。初始解生成流程如图 4-8 所示，具体描述如下。

第 1 步：开启工作站 k，$k=1$。

第 2 步：生成可选任务集 C^*。如果任务 i 未分配，且无前驱任务或其前驱任务已分配，则该任务为可选任务。

第 3 步：生成可分配任务集 A^*。考虑任务间的顺序相依关系，从 C^* 中选取实际拆解时间小于或等于当前工作站空闲时间的任务构成 A^*。

第 4 步：若 A^* 为空，则需开启下一工作站 k，$k=k+1$，重复第 3 步。

第 5 步：从 A^* 中随机或根据某种启发式规则选取一个任务分配至当前工作站。

第 6 步：重复第 2~第 5 步，直至 C^* 为空。

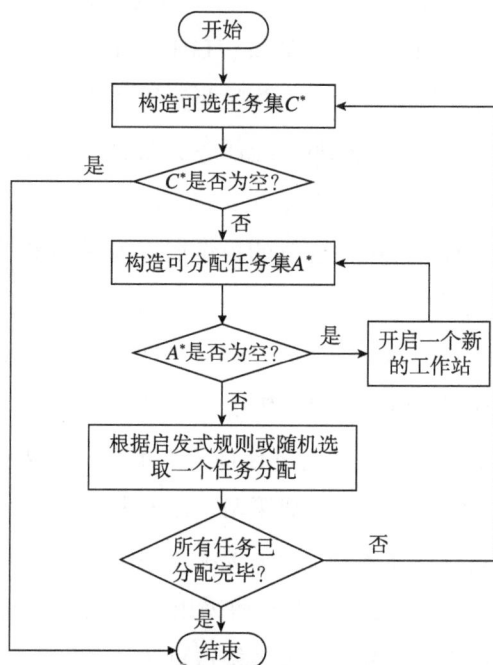

图 4-8　初始解生成流程

初始化阶段完成后，需对种群中解的质量进行评价。SSDDLBP 多目标之间相互冲突，在求解过程中某个解在全部评价指标上均优于另一解的情况很少，采用帕累托方法可有效解决多目标冲突问题，但所得非劣解集可能包含大量的非劣解，且随着问题规模的增大，非劣解数量也随之增多。因此，根据各目标的重要性排序处理 SSDDLBP 的多个目标的方法更符合实际需求[9-17]。

本章针对拆解过程中 SSDDLBP 各目标重要性不同，按照式（4-1）至式（4-5）的顺序，采用字典排序法评价解的优劣，即把最小化工作站开启数量以减少人力、物力等成本的投入作为首要目标；然后考虑降低工人、机器设备作业负荷和相关资源的消耗；接着考虑各工作站作业负荷相对均衡；再考虑拆解过程对人体健康和生态环境的危害；最后考虑市场需求。例如，若解 x_1 在目标函数 f_1 上优于解 x_2，则解 x_1 优于解 x_2，当两个解在目标函数 f_1 上的值相同，则比较二者目标函数 f_2 的值，以此类推。

4.4.3 雇佣蜂引领阶段

蜜源初始化后，雇佣蜂对当前蜜源进行局部开采，贪婪选择质量更高的蜜源，并记录新蜜源位置和适应值等信息，然后将花蜜运回蜂房并以舞蹈的方式将蜜源信息传递给观察蜂，引领观察蜂对蜜源进一步深度开采。标准 ABC 算法中，雇佣蜂对当前蜜源进行单一邻域局部搜索，搜索空间小且效率较低。本章所提 IDABC 算法在雇佣蜂引领阶段设计了 RVNS 策略，在扩大搜索范围的同时缩短了搜索时间，提高了雇佣蜂的开采能力。

RVNS 通过系统变换邻域结构扩大搜索空间，并在局部搜索时采用"一步改进"法，以缩短搜索时间[203]。通过对比求解 P-中值问题，发现 RVNS 与快速交换（Fast Interchange，FI）启发式算法求解效果相当，但在平均求解时间方面 RVNS 为 FI 的 1/18，RVNS 特别适用于局部耗时多的大规模问题计算[204]。邻域结构是 RVNS 的核心内容之一，在满足问题约束条件前提下，以当前解为基础通过一系列操作实现解序列的有效转换。本章针对 SSDDLBP 特点，在雇佣蜂开采蜜源阶段，设计了交换、插入、逆序和多次插入 4 种邻域结构，如图 4-9 所示，具体描述如下。

（1）交换

在拆解序列 x_1 上随机选取两个位置 i、j，在满足产品任务先后关系约束前提下，交换 i、j 位置上的任务生成序列 x_2，即位置 i 上的任务不是位置 $i+1,\cdots,j$ 任务的前驱任务，位置 j 上的任务不是位置 $i,\cdots,j-1$ 任务的后继任务。

（2）插入

在序列 x_1 上随机选取两个位置 i、j，将位置 j 的任务插入位置 i，位置 i 至 $j-1$ 的任务依次向后移动生成 x_2，前提条件是位置 j 的任务不是位置 i 至 $j-1$ 任务的后继任务。

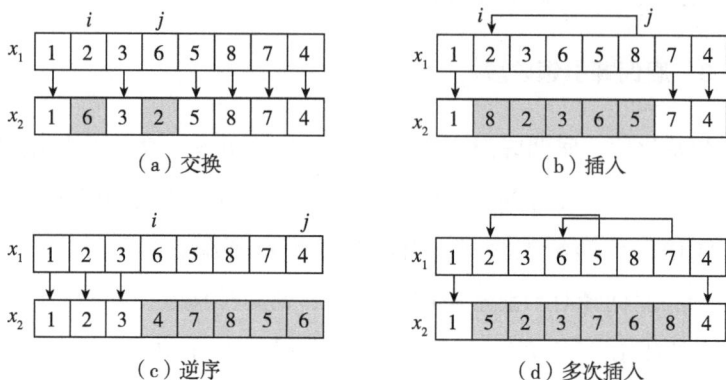

图 4-9　邻域结构

（3）逆序

在序列 x_1 上随机选取两个位置 i、j，在满足产品任务先后关系约束条件下，将位置 i 至 j 的任务逆序排列生成 x_2。

（4）多次插入

在原有解基础上，执行两次插入操作后生成新解。

雇佣蜂对当前蜜源进行邻域搜索时，首先对解 x 进行扰动，即在当前邻域范围内随机选择一点 x'；然后与 x 进行比较，若 x' 优于 x，则更新当前解 $x=x'$，并返回第一个邻域结构重新搜索；否则，跳至下一邻域结构继续搜索。搜索流程如图 4-10 所示，具体步骤如下。

第 1 步：构造邻域结构集 $N=\{N_k \mid k=1,\cdots,K\}$，并设置初始解 x，$k=1$。

第 2 步：在当前最优解 x 的 k 邻域中随机选择一点 x'；

第 3 步：若 x' 优于 x，则更新当前解 $x=x'$，并恢复 k 为初始值 1；否则，$k=k+1$。

第 4 步：重复第 2~第 3 步，直至 $k=K$，搜索结束。

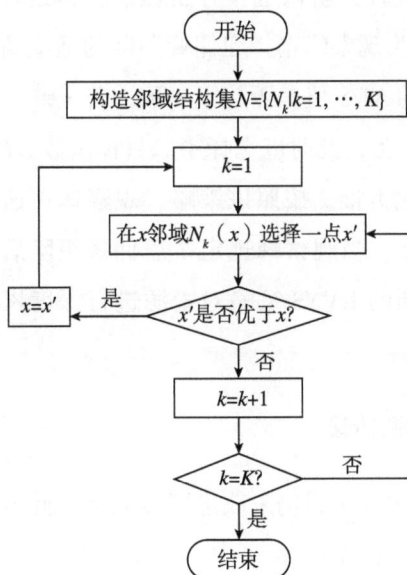

图 4-10   RVNS 搜索流程

4.4.4   观察蜂跟随阶段

观察蜂根据雇佣蜂传递的信息以轮盘赌的方式按照式（4-13）选择雇佣蜂跟随，携带蜜源质量越高的雇佣蜂被选择跟随的可能性越大。根据人工蜂群算法工作原理，随着迭代次数的增加，雇佣蜂逐渐向最优蜜源靠拢，其所携带蜜源的质量差异也越来越小。Kalayci 等[10] 采用目标函数中优先级最高的平滑指数（其多目标函数未考虑工作站开启数量）作为观察蜂选择蜜源的适应值评价指标，然而当算法迭代至中后期，大部分蜜源的平滑指数已趋于一致，此时平滑指数已不能有效区分蜜源，算法寻优速度开始降低。因此在整个迭代过程中，采用平滑指数作为适应值评价函数并不能始终有效地帮助观察蜂区分蜜源。

为了更好地区分蜜源，使观察蜂在算法整个迭代过程中都能够根据最有效的适应值评价函数选择蜜源进行深度探索，以提高搜索效率，本章依据目标函数的重要性提出一种分阶段选择评价法。具体过程为：在迭代初期，将第一目标函数 NWS 作为观察蜂选择雇佣蜂跟随的适应值评价函数；迭代过程中判断种群中各蜜源的 NWS 值是否趋于一致，若一致，表明目标函数 NWS 已经不能有效区分蜜源优劣，此时应选择第二目标函数 DT 作为下一迭代阶段的适应值评价函数，以此类推。按照该策略，观察蜂在迭代的每个阶段均可对所有蜜源进行准确判断。当观察蜂选定某雇佣蜂跟随后，将在该雇佣蜂携带蜜源位置采用与其相同的 RVNS 策略对蜜源进行深度探索，从而加快算法的寻优速度。

4.4.5 侦察蜂探测阶段

蜜源经过 $upLimit$ 次开采后仍未改进则被放弃，此时雇佣蜂转变为侦察蜂随机探测新蜜源。在标准 ABC 算法中，侦察蜂在整个解空间范围内随机搜索，盲目性较大。此外，被放弃的解通常是经过多次迭代后获取的局部较（最）优解，因此，在整个解空间采用随机搜索产生一个比当前解更优的解的概率较低。鉴于此，本章提出一种基于全局学习机制的侦察蜂搜索策略，即在算法当前搜索到的全局最优解基础上，采用左变异和交叉的方式进行搜索，领域结构如图 4-11 所示。

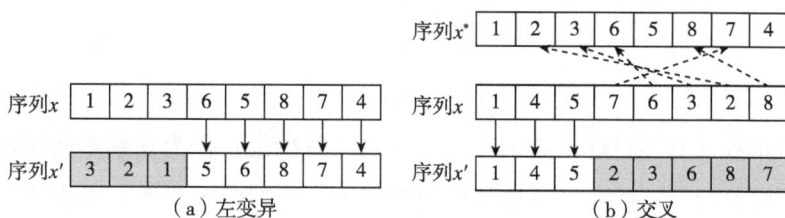

图 4-11 邻域结构

通过该策略生成的新序列，既保留全局最优解的部分优秀序列片段，又有新序列片段的生成，可有效降低侦察蜂搜索的盲目性，提高探索到更高质量蜜源的概率，加速跳出局部最优。

4.4.6 算法伪代码

本章所提 IDABC 算法采用一种混合生成策略初始化蜜源后，雇佣蜂在局部开采蜜源过程中采用一种简化变邻域搜索策略，能够在扩大蜜源搜索空间的同时提高搜索效率。雇佣蜂将花蜜运回蜂房，并将蜜源信息以舞蹈的形式传递给观察蜂；观察蜂观看完所有雇佣蜂的舞蹈后，采用一种分阶段选择评价法评价蜜源的质量，以准确选择雇佣蜂跟随，进一步对蜜源深度开采；当蜜源开采已尽，此时该蜜源对应的雇佣蜂转变成侦察蜂探测新蜜源，侦察蜂对新蜜源的探测是在当前最好蜜源基础上进行的，提高了搜索质量。3 种蜜蜂分工协作搜索蜜源，直到满足停止迭代条件，此时寻到的最优蜜源即问题的最优解，算法伪代码如下所示。

开始

    赋值参数：SN、$upLimit$、$maxTime$

    for 每个蜜源 do　//初始化蜜源阶段

        通过混合生成法构建初始解 x_i

    end for

    for 每个蜜源 do　//评价解的质量、记录最好解

        评价解的质量 $f(x_i)$

        更新并记录当前最好解 x_{best}

    end for

    while 算法未达到停止迭代条件

        for 每个雇佣蜂 do　//雇佣蜂引领阶段

            应用交换、插入、逆序、多次插入组成的邻域结构集 RVNS 产生新解 x_i'

            评价新解 x_i' 的质量 $f(x_i')$

            记录当前解未改进次数

        end for

        for 每个观察蜂 do　//观察蜂跟随阶段

　　　　　　　　计算每个蜜源 x_i 被观察蜂选中的概率 P_i

　　　　　　　　通过分阶段选择评价法选择雇佣蜂跟随开采蜜源 x_i

　　　　　　　　应用交换、插入、逆序、多次插入组成的邻域结构集 RVNS 产生新解 x_i'

　　　　　　　　评价新解 x_i' 的质量 $f(x_i')$

　　　　　　　　记录解未改进次数

　　　　end for

　　　　for 每个蜜源 do　　//侦察蜂探测阶段

　　　　　　　if 解未改进次数超过阈值 $upLimit$，则转变成侦察蜂

　　　　　　　　　应用左变异、交叉产生新解 x_i'

　　　　　　　　　评价 x_i' 的质量 $f(x_i')$

　　　　　　　　　若生成解优于当前解，则重新记录解未改进次数

　　　　　　　end if

　　　　end for

　　　　for 每个蜜源 do　　//更新当前最好解

　　　　　　判断种群中是否有质量更高的解，并更新 x_{best}

　　　　end for

　　end while

结束

4.5　算例验证

　　本章所提 IDABC 算法采用 Microsoft Visual C++编码，在 CoreI5-4288U、4G 内存电脑上运行。分别通过 10 个零件的 P10 算例和 25 个零件的 P25 算例[10] 进行验证，为保证求解结果的可靠性，每个算例均运行 50 次，统计均值和标准差。

4.5.1　参数设置

　　在搜索策略确定的情况下，人工蜂群算法性能受种群中蜜蜂数量 SN，以

及角色控制转换阈值（$upLimit$）影响很大。这两个参数设置是否合理，直接影响算法的收敛速度和求解结果质量。这里对这两个参数进行校验，以确定合理的取值。

在 ABC 算法中，雇佣蜂数量等于解的数量 SN，雇佣蜂数量越多，解的搜索空间就越大，但搜索时间也随之增加。因此雇佣蜂的数量增加到一个合适值时能加快算法的搜索速度，若超过该值，随着搜索空间的增大，其所消耗的时间也迅速增加，将导致搜索效率降低。Karaboga 等[205] 已证明当 $SN = 25$ 时，ABC 算法搜索能力较强、收敛效果较好。本章经过验证，$SN = 25$ 在求解 SSDDLBP 时也能取得较好的结果，因此本章设置 $SN = 25$。

阈值 $upLimit$ 控制雇佣蜂向侦察蜂的角色转换，即控制着局部开采与全局侦测之间的平衡。$upLimit$ 设置过小，雇佣蜂将较早放弃对当前解邻域的搜索，虽能一定程度上避免陷入局部最优，但有可能错过更优解，降低算法收敛速度；$upLimit$ 设置过大，雇佣蜂可能对当前蜜源开采过深而陷入局部最优，降低搜索效率。阈值 $upLimit$ 的设置直接影响算法求解性能[206]，尤其是大规模求解问题，影响更为显著。本章通过 P10、P25 算例，对阈值 $upLimit$ 进行校验。从图 4-12 可以看出，当 $upLimit = 7$ 时，算法获得的解更优。所以，本章 IDABC 算法参数设置为：$SN = 25$，$upLimit = 7$。

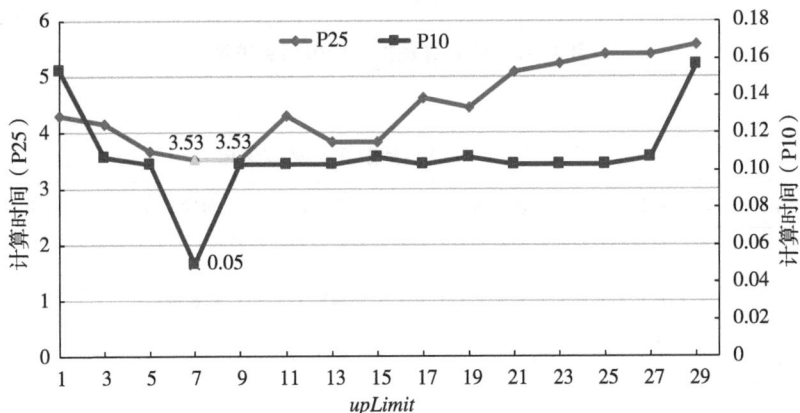

图 4-12　阈值 $upLimit$ 校验（$SN=25$，$maxTime=25$ s）

4.5.2 求解小规模算例

这里以含有 10 个零件的产品拆解模型（P10）为例，验证本章所提 ID-ABC 算法的有效性。P10 算例拆解任务相互关系如图 4-13 所示，具体信息（拆解时间、危害和需求指标等）如表 4-3 所示。

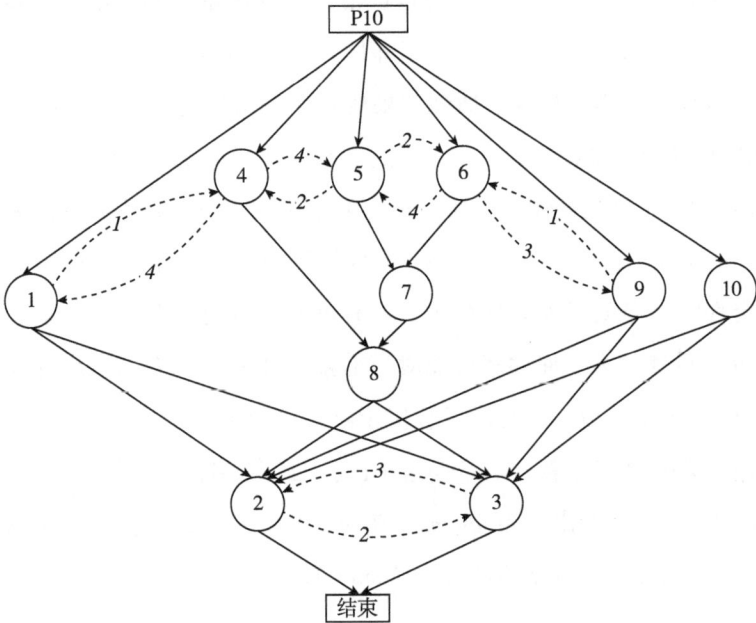

图 4-13　P10 算例拆解任务相互关系

表 4-3　P10 算例拆解任务具体信息

任务 i	拆解时间 t	危害 h	需求 d	前驱任务	后继任务
1	14	0	0	—	2,3
2	10	0	500	1,8,9,10	—
3	12	0	0	1,8,9,10	—
4	17	0	0	—	8
5	23	0	0	—	7

续表

任务 i	拆解时间 t	危害 h	需求 d	前驱任务	后继任务
6	14	0	750	—	7
7	19	1	295	5,6	8
8	36	0	0	4,7	2,3
9	14	0	360	—	2,3
10	10	0	0	—	2,3

P10 算例的解空间规模为 10!（3，628，800），解空间规模相对较小，因此我们首先尝试通过穷举法来获取问题的最优解。最终获得的最优拆解序列为 {6，4，9，5，7，1，8，10，3，2}，解码结果如表 4-4 中 S_5 所示，目标值分别为：$NWS=5$，$DT=177$，$SI=119$，$H=5$，$D=7305$，总消耗 CPU 时间为 320 s。图 4-14 为该序列在直线型拆解线工作站上的任务分配及任务间的干扰情况，可以看出，该序列选择了最便捷的拆解方式，即先于任务 5 和任务 9 拆解任务 6、先于任务 5 和任务 1 拆解任务 4、先于任务 2 拆解任务 3，从而保证在拆解过程中产生最少的任务干扰时间，以降低相关资源消耗。

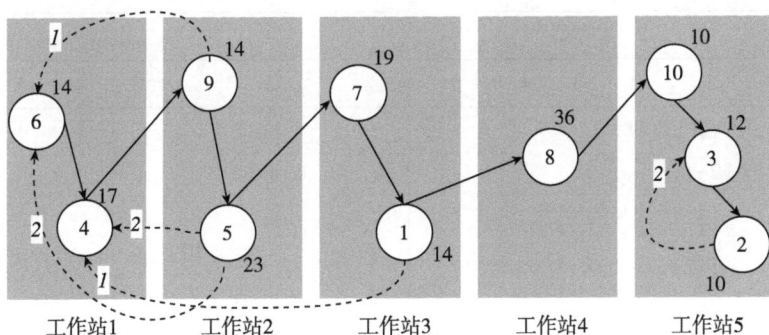

图 4-14　P10 算例拆解任务分配

表 4-4 为 P10 算例最优拆解序列 S_5 与一般（非最优）拆解序列 S_6 在各个目标函数上的对比情况。通过该表可以看出，最优拆解序列 S_5 在拆解产品

时仅需要开启 5 个工作站，而一般拆解序列 S_6 则需多开启 1 个工作站，这就意味着序列 S_6 需要投入更多的人力、物力等相关成本。在产品总拆解时间方面，最优拆解序列 S_5 拆解产品所需要的总拆解时间为 177 s，而一般拆解序列 S_6 则需要 186 s，超出 S_5 总拆解时间 9 s，超出的时间将导致工人的劳动负荷及相关资源消耗额外增加。就任务分配情况而言，序列 S_5 的平滑指数为 119，远远小于 S_6 的 602，说明采用 S_5 拆解序列时，在拆解过程中任务在各工作站上的分配更加均衡，拆解效率更高。在危害指数方面，采用 S_5 拆解序列能够比 S_6 更早将有危害的零件 7 拆解下来，降低了拆解过程中零件对环境的危害。此外，最优拆解序列 S_5 在需求指数方面也小于 S_6，说明 S_5 能够更优先将高需求的零件拆解下来，从而满足市场的需求。通过以上对比发现，采用该最优序列对产品进行拆解，可在工作站开启数量、产品总拆解时间、任务均衡分配、危害指数和需求指数各个方面得到提升，从而有助于企业提高拆解效率，降低拆解成本，减少拆解过程中对环境的危害。

表 4-4　P10 算例最优拆解序列与一般拆解序列对比

最优拆解序列 S_5						一个可行的拆解序列 S_6						
任务	工作站					任务	工作站					
	1	2	3	4	5		1	2	3	4	5	6
6	14 (+2+1)					5	23 (+4+4)					
4	17 (+1+2)					10	10					
9		14				9		14 (+3)				
5		23				1		14 (+4)				
7			19			6		14				

续表

最优拆解序列 S_5						一个可行的拆解序列 S_6						
任务	工作站					任务	工作站					
	1	2	3	4	5		1	2	3	4	5	6
1			14			4				17		
8				36		7				19		
10					10	8					36	
3					12 (+2)	3						12 (+2)
2					10	2						10
作业时间	37	37	33	36	34	作业时间	31	27	32	36	36	24
空闲时间	3	3	7	4	6	空闲时间	9	13	8	4	4	16

$NWS=5$；$DT=37+37+33+36+34=177$； $SI=3^2+3^2+7^2+4^2+6^2=119$；$H=5×1=5$； $D=1×750+3×360+5×295+8×500=7305$	$NWS=6$；$DT=31+27+32+36+36+24=186$； $SI=9^2+13^2+8^2+4^2+4^2+16^2=602$；$H=7×1=7$； $D=3×360+5×750+7×295+10×500=11\ 895$

为了验证本章所提 IDABC 算法的有效性，将 IDABC 算法与穷举法（Exhaustive Search，ES）和已有求解 SSDDLBP 的算法进行对比，其中包括遗传算法（Genetic Algorithm，GA）[17]、河流动态形成算法（River Formation Dynamics，RFD）[16]、人工蜂群（Artificial Bee Colony，ABC）算法[10]、禁忌搜索算法（Tabu Search，TS）[14]、粒子群算法（Particle Swarm Optimization，PSO）[11]、模拟退火算法（Simulated Annealing，SA）[13]、变邻域搜索算法（Variable Neighborhood Search，VNS）[15]、蚁群算法（Ant Colony Optimization，ACO）[9] 和混合遗传算法（Hybrid Genetic Algorithm，HGA）[12]。出于算法可比性考虑，本章采用与上述算法求解相同的多目标 SSDDLBP 优化模型，即最小化工作站开启数量、均衡工作站空闲时间、尽早拆解有危害和高需求零件

4 个目标，对比结果如表 4-5 所示。

表 4-5　不同算法求解 P10 算例对比结果

算法	f_1		f_2		f_3		f_4		t/s	
	AVG	SD	AVG	SD	AVG	SD	AVG	SD	AVG	SD
ES	5	0	67	0	5	0	9605	0	215	—
ACO	5	0	67	0	5	0	9605	0	5.36	5.61
GA	5	0	67	0	5	0	9605	0	5.30	4.62
RFD	5	0	67	0	5	0	9605	0	3.62	3.45
ABC	5	0	67	0	5	0	9605	0	2.40	1.73
TS	5	0	67	0	5	0	9605	0	0.87	1.05
PSO	5	0	67	0	5	0	9605	0	0.81	0.16
SA	5	0	67	0	5	0	9605	0	0.59	0.71
VNS	5	0	67	0	5	0	9605	0	0.83	—
HGA	5	0	67	0	5	0	9605	0	0.65	0.35
IDABC	5	0	67	0	5	0	9605	0	0.08	0.04

由表 4-5 可以看出，所有元启发式算法的平均求解时间均小于 6 s，且均能求得问题的最优解，标准差为 0。与穷举法相比，元启发式算法的寻优速度更快，搜索效率优势明显，说明元启发式算法适合求解 SSDDLBP。本章对比的 10 种元启发式算法虽均能获得问题的最优解，但本章提出的 IDABC 算法所用时间仅为 0.08 s，在求解速度上明显优于其他元启发式算法，证明本章所提 IDABC 算法更高效。

4.5.3　求解大规模算例

芯片技术的迅速发展及人们不断变化的个性化需求，造成了大量手机被废弃。据统计，人们每 18 个月就会换一部手机，在我国手机年均废弃量已超过 7000 万部。这里我们将对含有 25 个零件的手机（P25）算例进行拆解，以验证所提 IDABC 算法求解大规模算例的可行性。在手机拆解时须满足零件拆解优先关系。例如，要拆解液晶屏则必须要将键盘提前拆解，而拆解键盘则需要将手机前盖打开，且要将橡胶封条和卡夹拆解。此外，拆解时还需考虑零件之间的相互干扰，如蓝色、白色和橙色排线，由于位置紧密，拆解时会彼此干扰。P25 算例拆解任务相互关系如图 4-15 所示，具体信息（拆解时间、危害和需求指标等）如表 4-6 所示。

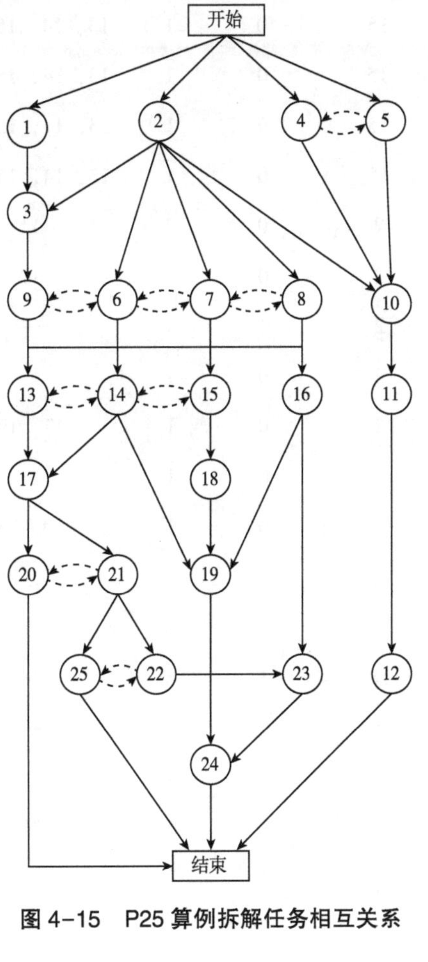

图 4-15　P25 算例拆解任务相互关系

表 4-6　P25 算例拆解任务具体信息

零件	任务	拆解时间/s	危害性	需求量	后继任务	顺序干扰
天线	1	3	1	4	3	—
电池	2	2	1	7	3, 6, 7, 8, 10	—
天线线路	3	3	0	1	9	—
第一类螺栓 A	4	10	0	1	10	$sd_{54}=1$
第一类螺栓 B	5	10	0	1	10	$sd_{45}=2$
第二类螺栓 1	6	15	0	1	13, 14, 15, 16	$sd_{76}=2$、$sd_{96}=1$
第二类螺栓 2	7	15	0	1	13, 14, 15, 16	$sd_{67}=1$、$sd_{87}=2$
第二类螺栓 3	8	15	0	1	13, 14, 15, 16	$sd_{78}=1$
第二类螺栓 4	9	15	0	1	13, 14, 15, 16	$sd_{69}=2$
金属夹	10	2	0	2	11	—
橡胶密封	11	2	0	1	12	—
扬声器	12	2	1	4	—	—
白色排线	13	2	0	1	17	$sd_{14\text{-}13}=2$
红/蓝排线	14	2	0	1	17, 19	$sd_{13\text{-}14}=1$、$sd_{15\text{-}14}=1$
橙色排线	15	2	0	1	18	$sd_{14\text{-}15}=2$
顶部	16	2	0	1	19, 23	—
前盖	17	2	0	2	20, 21	—
后盖	18	3	0	2	19	—
电路板	19	18	1	8	24	—
塑料屏幕	20	5	0	1	—	$sd_{21\text{-}20}=2$
键盘	21	1	0	4	22, 25	$sd_{20\text{-}21}=1$
液晶屏	22	5	0	6	23	$sd_{25\text{-}22}=2$
子键盘	23	15	1	7	24	—
内部电路板	24	2	0	1	—	—
麦克风	25	2	1	4	—	$sd_{22\text{-}25}=1$

首先我们采用穷举法对 P25 算例进行求解。该方法在设定时间内并未找到问题的最优解，其原因在于 SSDDLBP 是 NP-hard，解空间规模随零件数量的增加呈指数增长。P25 算例的解空间规模为 25！（1.55E+25），其解空间规模可以说是无限大，因此，采用穷举法求解 P25 算例不可行，穷举法也同样不适合求解更大规模的 SSDDLBP。

同样出于可比性考虑，应用 IDABC 算法求解现有文献提出的 SSDDLBP 优化模型，并将求解结果与原文献采用算法的求解结果对比，对比结果如表 4-7 所示。从该表可以看出，每种算法都能找到问题的最优或近似最优解，说明元启发式算法更适合大规模 SSDDLBP 的求解。在求解质量方面，仅有 IDABC 算法、VNS 和 HGA 可以每次获得 P25 算例的目前最优解（表 4-8），且稳定性更高。在求解速度方面，IDABC 算法求解时间明显优于 VNS 与 HGA，说明 IDABC 算法有更强的寻优能力，求解速度更快且收敛效果更好。因此，IDABC 算法在保证 SSDDLBP 求解质量和求解稳定性的同时，在求解效率方面具有相当大的优势。

表 4-7　不同算法求解 P25 算例对比结果

算法	f_1		f_2		f_3		f_4		t/s	
	AVG	SD	AVG	SD	AVG	SD	AVG	SD	AVG	SD
ACO	10	0	17.77	1.41	82.80	1.32	949.37	6.31	244.67	161.49
GA	10	0	12.13	2.56	79.77	0.73	924.90	2.40	156.37	138.27
RFD	10	0	16	0	80.60	0.62	939.83	2.29	222.25	119.24
ABC	10	0	10.07	2.16	80.00	1.14	925.57	5.07	124.60	146.79
TS	10	0	13.30	1.70	83.10	2.87	941.30	12.51	273.02	142.14
PSO	10	0	13.97	1.96	80.63	2.46	932.50	11.53	40.74	24.71
SA	10	0	11.7	1.82	83.43	3.22	940.93	12.4	297.91	141.19
VNS	10	0	9	0	80	0	925	0	40.86	—
HGA	10	0	9	0	80	0	925	0	35.55	20.02
IDABC	10	0	9	0	80	0	925	0	3.45	0.41

表 4-8 P25 算例最优拆解序列

工作站	任务	工作时间/s	空闲时间/s
1	2→1→5	2+3+[10+(2)]=17	1
2	4→10→11→3	10+2+2+3=17	1
3	9	15+(2)=17	1
4	6	15+(2)=17	1
5	7	15+(2)=17	1
6	12→8	2+15=17	1
7	15→18→13→14→17→16	[2+(2)]+3+[2+(2)]+2+2+2=17	1
8	19	18	0
9	20→21→22→25	[5+(2)]+1+[5+(2)]+2=17	1
10	23→24	15+2=17	1

通过对不同算法求解的 P10 和 P25 算例结果进行对比，可以得出在求解 SSDDLBP 时，本章所提 IDABC 算法相较于现有文献中采用的 9 种元启发式算法，在求解质量、求解效率及稳定性方面均体现出良好性能，且随着问题规模的增大优势更加明显，充分体现了本章提出的 IDABC 算法的优越性。

IDABC 算法良好的求解性能，主要取决于算法在局部搜索与全局搜索间的平衡，以及针对 SSDDLBP 所提出的改进策略。首先，在初始解生成过程中，采用启发式算法与随机法相结合的一种混合生成策略。启发式算法生成解的质量较高，而随机法生成解的分散性好、差异性大，因此，将二者结合可以保证初始种群的质量与多样性。在初始解生成完毕后，每个雇佣蜂在各自负责的蜜源周边开采花蜜，在开采过程中，应用一种简化变邻域搜索算法，通过不断变换邻域结构的方式扩大对蜜源的搜索空间从而搜索到更高质量蜜源。雇佣蜂完成花蜜的开采后，将花蜜运回蜂房，并将蜜源的位置和数量等信息以舞蹈的形式传递给观察蜂。观察蜂观看完所有雇佣蜂的舞蹈后，通过一种分阶段选择评价机制评估蜜源的质量，分阶段选择评价机制可以有效避免在迭代后期采用单一适应值评价函数不能有效评价蜜源的问题，从而保证在整个迭代过程中都能准确地选择雇佣蜂跟随，从而进一步实现对蜜源的深度开采。当蜜源开采已尽时，该蜜源所对应的雇佣蜂将转变成侦察蜂，然后对新的蜜源进行探测，侦察蜂对新蜜源的探测是在当前最好蜜源基础上进行的，而当前最好蜜源往往蕴藏更多的花蜜，因此，在该蜜源的周边进行搜索可降低侦察蜂探测的盲目性，提高搜索质量。3 种角色的蜜蜂分工协作，完成蜜源的局部开采和全局搜索工作，进而寻找到更高质量的蜜源。

4.6 与已有 SSDDLBP 模型对比

在 4.2.4 中，通过 P6 算例证明了已有模型存在的不足，为了更有效说明本章所提模型的合理性，这里对本章所提模型与已有模型分别求解 P10 与 P25 算例的结果进行对比，如表 4-9 所示。通过表 4-9 可以看出，两种模型求得两个算例所开启的工作站数量一致，P10 算例都为 5，P25 算例均为 10。在平滑指数方面已有模型的平滑指数优于本章所提模型，原因在于已有模型未考虑总拆解时间 DT，在拆解过程中可优先选择更加"蹩脚"的任务进行拆解，从而减少平滑指数。

表 4-9 两种模型所得最优解对比

算例	模型	目标函数					拆解序列
		NWS	DT	SI	H	D	
P10	本章	5	177	119	5	7305	6,4,9,5,7,1,8,10,3,2
	Kalayci 等	5	—	67	5	9605	6,1,5,10,7,4,8,9,2,3
P25	本章	10	163	35	81	924	2,1,4,5,10,3,8,7,6,9,11,12,14,13,17,21,15,16,25,22,18,20,19,23,24
	Kalayci 等	10	—	9	80	925	2,1,5,4,10,11,3,9,6,7,12,8,15,18,13,14,17,16,19,20,21,22,25,23,24

图 4-16 为两种模型求解 P10 算例所得最优拆解序列 $S_1\{6,4,9,5,7,1,8,10,3,2\}$、$S_2\{6,1,10,5,7,4,8,9,2,3\}$ 的解码结果。因任务间存在顺序相依关系，拆解序列 S_1 在拆解过程中因任务间相互干扰造成拆解时间总增加量为 $SD_1 = sd_{56} + sd_{96} + sd_{54} + sd_{14} + sd_{23} = 2\text{ s} + 1\text{ s} + 1\text{ s} + 2\text{ s} + 2\text{ s} = 8\text{ s}$，产品在整个流水线总拆解时间为 $DT_1 = \sum_{i=1}^{10} t_i + SD_1 = 169\text{ s} + 8\text{ s} = 177\text{ s}$；拆解序列 S_2 的拆解时间总增加量 $SD_2 = sd_{56} + sd_{96} + sd_{41} + sd_{45} + sd_{32} = 2\text{ s} + 1\text{ s} + 4\text{ s} + 4\text{ s} + 3\text{ s} = 14\text{ s}$，总拆解时间 $DT_2 = 169\text{ s} + 14\text{ s} = 183\text{ s}$。可以得出 $DT_2 > DT_1$，原因在于拆解过程中，S_2 存在选择受干扰时间长的任务优先拆解的问题，即选择拆解任务 1、任务 5 先于任务 4，任务 2 先于任务 3，造成总干扰时间增加。

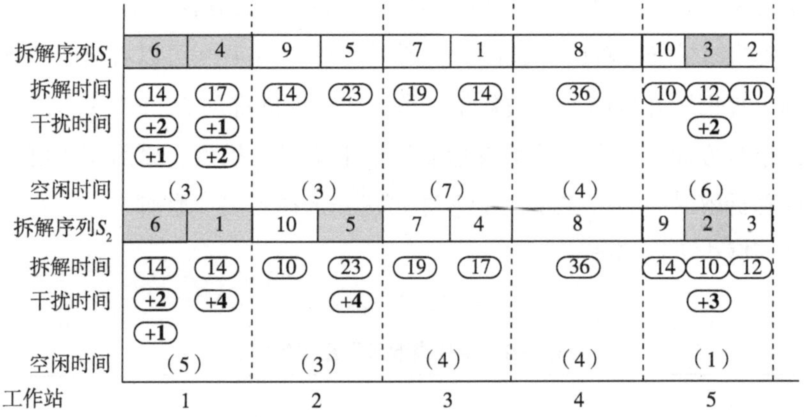

图 4-16   P10 算例拆解序列对比

图 4-17（a）为求解 P10 算例的两种模型所得最优拆解序列 S_1 和 S_2 的作业时间对比，可以看出在不考虑总拆解时间情况下，获得的最优拆解序列 S_2 的任务间总干扰时间接近考虑该目标情况下最优拆解序列 S_1 的 2 倍。干扰时间的增加不仅增加了操作工人的工作量，同时也加大了机器设备的作业负荷与相关资源的消耗。在实际拆解过程中，工人应选择以最快捷的方式拆解产品上的零件，从而降低劳动强度，提高工作效率。此外，随着拆解产品零

件的增多，拆解过程中任务间的相互干扰也随之增加，若不考虑总拆解时间这一目标函数，拆解过程中造成的总干扰时间增加量将更为明显，这将造成更多不必要的工人和机器设备的作业负荷，以及相关资源的消耗，如图 4-17（b）所示，P25 算例拆解干扰时间增加量更大。因此，针对 SSD-DLBP，考虑总拆解时间最短这一目标，可有效避免在拆解过程中优先选择"蹩脚"的任务进行拆解，以方便工人操作、节省拆解时间，减少工人和机器设备不必要的作业负荷及相关资源的浪费。

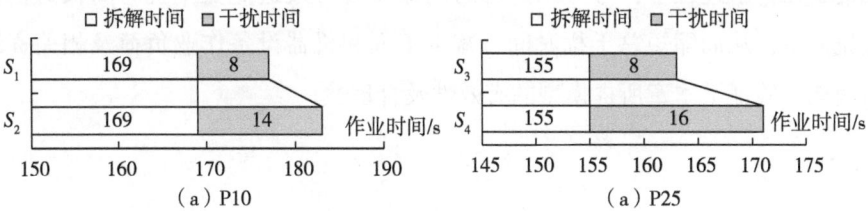

图 4-17　拆解序列作业时间对比

4.7　本章小结

本章对拆解过程中无先后关系约束任务间可能存在相互干扰，会因拆解顺序不同导致拆解时间不确定的 SSDDLBP 进行研究，建立了多目标 SSDDLBP 优化模型。在最小化工作站开启数量、均衡工作站空闲时间、尽早拆解有危害和高需求零件多目标基础上，考虑了最短总拆解时间，以减少任务间相互干扰导致工人和机器设备作业负荷的额外增加，并提出一种基于字典排序的改进离散人工蜂群算法。

所提算法在初始解构造阶段，采用启发式算法与随机生成法相结合的混合模式，以提高初始种群质量及多样性；在雇佣蜂引领阶段，设计了简化变邻域算法进行局部搜索，在扩大搜索空间的同时提高搜索效率；在观察蜂跟随阶段，构造分阶段选择评价策略，从而保证观察蜂能够准确选择雇佣蜂跟随;在侦察蜂探测阶段,采用基于全局最优解的学习方法,从而提高探测到更优解的概率,加速跳出局部最优。

通过对 SSDDLBP 两种规模的算例求解结果对比分析,得出在解的质量和求解速度方面,IDABC 算法明显优于已有求解 SSDDLBP 的元启发式算法,并随着问题规模的增大优势更为明显,验证了本章所提 IDABC 算法的可行性及优越性。

通过与不考虑总拆解时间这一目标的 SSDDLBP 优化模型求解结果对比,证明了在拆解过程中,考虑总拆解时间最短可有效避免受干扰时间长的任务优先拆解,从而缩短总干扰时间,减少工人和机器设备作业负荷及相关资源的消耗,验证了本章所提模型的有效性及合理性。

第 5 章
U 型顺序相依拆解线
平衡问题优化

传统的拆解线工作站呈直线分布，线上作业分工较细，适合结构比较简单的废旧产品进行自动化拆解；由于直线型拆解线自身布局的特点，工作站之间的距离较大，工人相互交流比较困难，一旦遇到如零件损坏、变形或升级等特殊情况导致拆解中断，工人之间难以沟通互助。目前电子废弃物已成为全球增长最快的一类固体垃圾，其种类繁多、构造复杂，而且废弃和回收数量受信息技术革新影响较大，因此组织废旧电子产品拆解需要比传统直线型拆解线效率更高、更灵活的 U 型拆解线。鉴于此，本章针对以 U 型布局进行废旧产品拆解的情况，首次提出 U 型顺序相依拆解线平衡问题，并设计了一种自适应进化动态邻域搜索算法进行求解，以获得产品最优拆解序列。

5.1 U 型拆解线的特点

U 型拆解线在布局时考虑人们普遍右手作业能力强的特点，将工作站以逆时针方向依次排成 U 形。待拆解产品从工人的右手方向进入拆解线，工人便可更方便地完成拆解作业，从而提高了工作效率。此外，U 型线上的工作站及相关设备是按照工艺流程在 U 型线的一侧布置，入口和出口在同一端，如图 5-1 所示。工人可以在 U 型线的出口与入口间的区域内走动作业。线上工人大都是具备多技能、多岗位能力的多面手，当出现因零件生锈、损坏等原因造成的产品拆解未完成的情况时，可由后续空闲工人帮忙完成，从而大幅减少拆解线堵塞的现象，防止拆解中断，提高拆解效率。

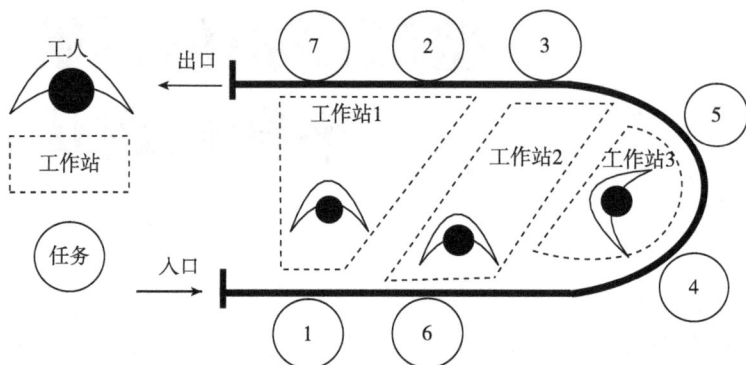

图 5-1　U 型拆解线布局

与直线型布局相比，U 型拆解线有以下特点。

（1）灵活性好

拆解任务可从拆解线入口和出口两个方向分配至工作站，大大提高了拆解线的灵活性。

（2）效率高

U 型拆解线的工作站是以逆时针布置，符合工人右手作业习惯。此外，U 型线上的工人大多掌握多种技能，应变能力强。当出现某个零件损坏、改造或升级的情况时，工人能根据自身的技能快速解决问题，减少拆解作业耽搁时间，可有效提升拆解效率。

（3）柔性高

U 型拆解线可根据拆解废旧产品数量和类型的变化来调整工人数量及节拍时间，从而调整工作站上的拆解任务分配，使拆解线各工作站的任务分配再次趋于平衡。

（4）搬运成本低

U 型拆解线的进出口均在左端，因此产品进入与零件流出在同一侧，这样可减少产品及零件的搬运距离，从而降低搬运成本。

（5）行走距离短

U 型拆解线的工作站内机器设备排列更加紧凑，可以减少工人在工作站内的行走距离，降低不必要的内耗，提高工作效率。

由于 U 型布局具有结构紧凑、工人作业方便、物料流动距离短、工人行走距离短，以及出口和入口在同一侧等优点，已被广泛应用于产品制造的各种装配线中。同样，在产品拆解时，一些产品（如电脑、手机等电子产品）回收数量受信息技术革新影响波动较大，且种类繁多、构造复杂，使得这类产品拆解需要比传统直线型拆解线效率更高和更灵活的 U 型拆解线。

5.2 U 型顺序相依拆解线平衡问题描述及数学模型

第 4 章研究的直线型拆解线适合产品拆解数量固定、内部构造简单且结构相同或差异不大的单一废旧产品大规模自动化批量拆解。然而，一些产品特别是电子产品，由于受政策、科技、经济及人们消费习惯等因素影响，更新速度较快，废旧产品回收数量波动也很大，并且部分产品虽属同一品牌、同一类型，其内部结构也有一定的差异。拆解这些废旧产品更适合在柔性高的 U 型拆解线上进行作业。

U 型顺序相依拆解线平衡问题（U-shaped Sequence Dependent Disassembly Line Balancing Problem，USDDLBP）是指在满足拆解先后关系和节拍时间约束条件下，在拆解过程中考虑任务间的相互干扰，从 U 型线的前向和后向将任务分配至工作站，以实现拆解任务在工作站上的均衡分配及其他相关目标。图 5-2 描述的是包含 7 个零件的 P7 产品任务关系，图 5-3 是其在 U 型拆解线上的任务分配情况。与直线型相比，U 型拆解线上任务分配更灵活，选择范围更广；然而问题解空间规模更大，复杂度更高，更不易于求解。

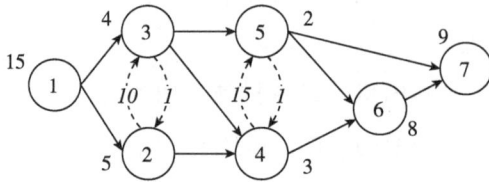

图 5-2　P7 产品任务关系

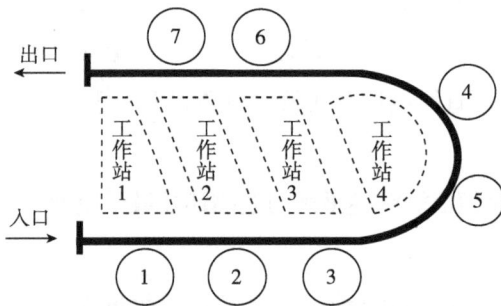

图 5-3　P7 产品在 U 型拆解线上的任务分配情况

　　假设产品完全拆解、忽略工人在工作站内作业行走时间，要求每个工作站任务总作业时间不超过节拍时间，每个任务只能分配到一个工作站，且分配时需满足拆解先后关系约束。本章从经济效益和环境效益角度出发，根据实际拆解过程中各目标重要性不同，由高到低从最小化工作站开启数量、最短总拆解时间、均衡工作站空闲时间、尽早拆解有危害和高需求零件 5 个方面建立多目标 USDDLBP 优化模型，具体如下。

　　① 最小化工作站开启数量（NWS）。开启的工作站数量越多，意味着需要更多的工人和设备，这将导致整个拆解系统的固定成本增加。

$$\min f_1 = \sum_{k=1}^{M} z_k。 \tag{5-1}$$

式中，z_k 表示工作站 k 是否开启，若开启，则 $z_k = 1$，否则 $z_k = 0$。

　　② 最短总拆解时间（DT）。总拆解时间越长，意味着工人及机器设备的

作业时间也越长，所需相关资源能源的消耗也将增加。

$$\min f_2 = \sum_{k=1}^{M} ST_k \circ \tag{5-2}$$

式中，$ST_k = \sum_{i=1}^{N} \left(t_i + \sum_{j=1}^{N} sd_{ji} \right) \times x_{ik}$，为工作站 k 的总作业时间，t_i 为任务 i 的拆解时间，sd_{ji} 为任务 j 对任务 i 的干扰导致的拆解时间增加量。x_{ik} 表示任务 i 是否被分配到工作站 k，若被分配，则 $x_{ik} = 1$，否则 $x_{ik} = 0$。

③ 均衡工作站空闲时间又称平滑指数（SI），以平衡工作站上的任务分配。为保证拆解线高效运行，各工作站的工人和设备应具有相对均衡的作业负荷，以保证拆解效率。

$$\min f_3 = \sum_{k=1}^{M} \left(IT_k^{\,2} \cdot z_k \right) \circ \tag{5-3}$$

式中，$IT_k = CT - ST_k$，为工作站 k 的空闲时间，CT 为节拍时间。对空闲时间取平方运算，可以有效避免各工作站总空闲时间相同，但个别工作站作业负荷极高或极低的现象发生。

④ 尽早拆解有危害零件（H），减少对人体健康和环境的危害。例如，电脑元器件等含有汞、砷、铬等重金属，电冰箱制冷剂中含有氟利昂等，在拆解过程中应优先拆解，以降低危害风险。

$$\min f_4 = \sum_{l=1}^{N} \left(l \cdot h_{PS_l} \right) \circ \tag{5-4}$$

式中，PS_l 表示拆解任务序列中第 l 个位置对应的零件编号，h_i 为任务 i 的危害指数，若有危害，则 $h_i = 1$，否则 $h_i = 0$。

⑤ 尽早拆解高需求零件（D），以满足市场需求。价值越高需求越大的零件应优先拆解，以免在拆解过程中造成损坏。

$$\min f_5 = \sum_{l=1}^{N} \left(l \cdot d_{PS_l} \right) \circ \tag{5-5}$$

式中，d_i 为任务 i 的需求指数。

用 S_k 表示工作站 k 分配的任务集，P_{ij} 表示任务 i 和任务 j 之间的拆解先后关系，若任务 i 是任务 j 的前驱任务，则 $P_{ij}=1$，否则 $P_{ij}=0$，则模型约束条件为：

$$S_p \cap S_q = \varnothing \ (p,q=1,2,\cdots,M \text{ 且 } p \neq q)； \tag{5-6}$$

$$N = \cup S_k(k=1,2,\cdots,M)； \tag{5-7}$$

$$\forall i, \text{若 } P_{ij}=1, i \in S_p, j \in S_q, \text{则 } p \leqslant q； \tag{5-8}$$

$$\forall a, \text{若 } P_{ab}=1, a \in S_u, b \in S_v, \text{则 } u \geqslant v； \tag{5-9}$$

$$ST_k \leqslant CT, k=1,2,\cdots,M。 \tag{5-10}$$

式（5-6）表示每个任务仅能被分配到一个工作站；式（5-7）表示所有 N 个任务都要被分配到工作站；式（5-8）和式（5-9）分别表示在满足拆解先后关系约束的前提下任务可从入口或出口分配至工作站进行拆解；式（5-10）表示每个工作站上总作业时间不超过节拍时间。

5.3 变邻域搜索算法

5.3.1 变邻域搜索算法基本原理

Mladenovic 等[203] 于 1997 年首次提出变邻域搜索算法（Variable Neighborhood Search，VNS），其基本原理是：在搜索过程中通过系统变化邻域结构拓展搜索范围以找到全局最优解。VNS 在寻优过程中，首先在当前邻域内获得局部最优解，然后在此局部最优解的基础上重新在变动的邻域结构内搜索，从而找到另一个局部最优解，不断变化邻域结构进而搜索到全局最优解，搜索过程如图 5-4 所示。

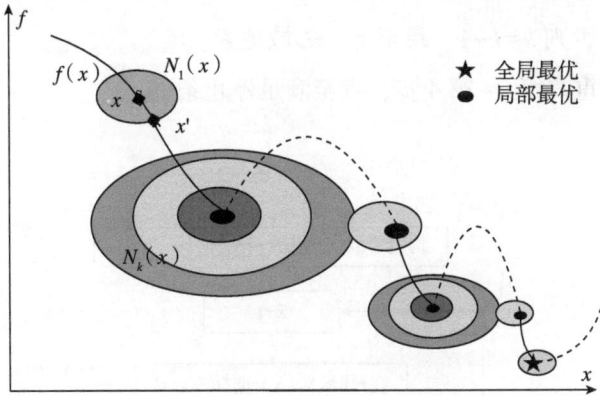

图 5-4　基本变邻域搜索过程

VNS 的邻域结构集可根据问题实际情况构建，算法灵活性高，通用性好，且参数少，思想简单易于实现。因此，已广泛应用于求解旅行商问题、调度优化问题、选址问题、车辆路径问题等。

VNS 良好的搜索性能取决于邻域结构的选择、邻域结构数量，以及局部搜索、扰动过程、邻域变换和停止准则等诸多方面。VNS 邻域结构通常根据汉明距离由小到大排序 $|N_1(x)| \leqslant |N_2(x)| \leqslant \cdots \leqslant |N_K(x)|$，组成邻域结构集 $N_k(k=1,\cdots,K)$，通过系统地不断改变邻域结构 N_k 来拓展搜索范围，获得局部最优解，再基于获得的局部最优解重新系统地不断改变邻域结构 N_k 来拓展搜索范围，获得另一个局部最优解，以此类推，直到满足停止准则。用 $N_k(k=1,\cdots,K)$ 表示邻域结构集，$N_k(x)$ 表示解 x 的第 k 邻域，VNS 基本流程如图 5-5 所示，具体步骤如下。

第 1 步：初始化参数。选择一初始解 x，设计邻域结构集 $N_k(k=1,\cdots,K)$，$k=1$，设置停止条件，并设最优解为 x。

第 2 步：扰动过程。在 x 的第 k 邻域结构中随机选择一点 $x' \in N_k(x)$。

第 3 步：局部搜索过程。以 x' 为初始解，应用一些局部搜索方法搜索 x' 局部最优解 x''。

第 4 步：邻域变换过程。若 x'' 优于 x，则 $x=x''$，且从第一个邻域结构重新搜索 $k=1$；否则 $k=k+1$，跳至下一邻域搜索。

第 5 步：重复第 2~第 4 步，直至满足停止条件。

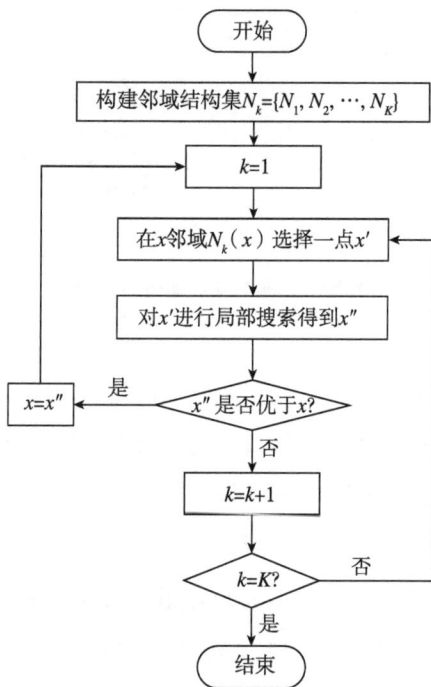

图 5-5　VNS 基本流程

邻域结构是变邻域搜索算法的核心内容之一，通过改变邻域结构可实现扩大搜索范围，更大程度地遍历整个解空间，从而跳出当前局部最优并搜索到更好的另一局部最优解。针对不同问题，邻域结构的设计也有很大差异，当邻域结构确定后，VNS 则通过扰动过程、局部搜索、邻域变换 3 个环节实现对问题解的寻优，这 3 个环节决定了 VNS 的搜索效率和寻优性能。

（1）扰动过程

为了扩大搜索范围，尽快跳出局部最优，以搜索到问题的最优解，VNS

在寻优时通常利用邻域结构的变换实现对局部的扰动，即随机或顺序选择一邻域结构 N_k，并在邻域 $N_k(x)$ 内随机选择一点 x'，然后再进行局部搜索。扰动的效果直接影响算法跳出局部最优的能力，因此扰动过程的实施在一定程度上关系到 VNS 性能。在扰动过程中，通常采用基于当前解的某一邻域结构，该邻域结构可根据问题的规模选取，对于小规模问题可选择固定邻域扰动，在对大规模问题求解时一般采用变化的邻域进行扰动，以扩大解的扰动距离，实现更广解空间的搜索。

（2）局部搜索

VNS 是基于局部搜索演化而来，局部搜索是 VNS 的另一重要环节。局部搜索通常按照解的下降方向寻求问题局部最优解，在某一点的周围（邻域内）展开搜索，以寻求比该点更好的解。即从解 x 的邻域结构集 $N(x)$ 中选择一个集合 $Z(Z>0)$，找出 Z 中的最优解 x_z，若 $f(x_z)<f(x)$，则更新 $x=x_z$。集合 Z 所含元素的数量依问题情况而定。集合 Z 越小，搜索的范围也越小，因此，搜索速度越快，但搜索不够充分，搜索精度较差；反之，集合 Z 越大，算法搜索空间也越大，虽可充分搜索邻域空间，但是计算量也相应增大，搜索时间也随之增加。若集合 Z 仅包含邻域内的一个解，则称为一步改进方法；若集合 Z 包含邻域中的所有解，则称为最优改进方法。

（3）邻域变换

采用 VNS 求解问题时，需要不断变换邻域结构，实现扩大搜索范围。因此，邻域变换也将影响 VNS 的搜索效率。在邻域变换时，若新解 x' 的质量优于当前最优解 x，即 $f(x')<f(x)$，则更新当前解 $x=x'$，并从第一个邻域重新搜索 $k=1$；否则进行下一邻域搜索 $k=k+1$。采用不同的邻域变换方式，可构造不同的 VNS 拓展算法。

5.3.2　变邻域搜索分类

变邻域算法结构简单、灵活，其涉及的扰动过程和局部搜索等环节均可适当调整，以实现对 VNS 的扩展。目前主要的扩展算法包括简化变邻域搜索

（Reduced Variable Neighborhood Search，RVNS）、固定邻域搜索（Fixed Neigh-bourhood Search，FNS）、基本变邻域搜索（Basic Variable Neighborhood Search，BVNS）、偏态变邻域搜索（Skewed Variable Neighborhood Search，SVNS）、变邻域深度搜索（Variable Neighborhood Descent，VND）、平行变邻域搜索（Parallel Variable Neighborhood Search，PVNS）、一般变邻域搜索（General Variable Neighbourhood Search，GVNS）和变邻域分解搜索（Variable Neighbor-hood Decomposition Search，VNDS）等。下面对几种比较常用的算法进行简单介绍。

（1）变邻域深度搜索

VND 是指邻域结构按照既定方式变换，在每个邻域内选取含有 n 个元素的子集，对该子集进行完全搜索。在一般局部搜索启发式算法中，往往在单一邻域内进行，搜索空间较窄，而 VND 是在 K_{max} 个邻域结构内搜索，搜索范围更广，且搜索精度更高。因此，VND 可嵌入其他变邻域算法或一些元启发式算法中，以提高算法的局部搜索精度，算法伪代码如下所示。

Algorithm 1：Function VND (x,k_{max},T_{max})

---

repeat
　　$k\leftarrow 1$；
　　repeat
　　　　在 x 的邻域内搜索到最优解 $x'\in N_k(x)$；/ ＊通常在邻域 $N_k(x)$ 的子集内搜索 ＊/
　　　　if $f(x')<f(x)$ then
　　　　　$x\leftarrow x'$；$k\leftarrow 1$；/ ＊若解的质量提高了，则从第一个邻域重新开始搜索 ＊/
　　　　else
　　　　　$k\leftarrow k+1$；/ ＊若解的质量未改进，则移至下一邻域 ＊/
　　until $k=k_{max}$
　　$t\leftarrow$CPUTime( )；
until $t>T_{max}$

（2）简化变邻域搜索

RVNS 是指随机在邻域 $N_k(x)$ 内选择一点 x'，并与初始解 x 比较，若 x' 优于 x，则更新，又从第一个邻域重新开始搜索，否则移至下一个邻域。由于 RVNS 仅在邻域内随机搜索一点进行比较，减少了搜索范围，缩短了搜索时间，因此适合大规模问题求解。其与蒙特卡罗方法类似，但 RVNS 结构更加系统，在求解连续 max-min 问题时，RVNS 比蒙特卡罗方法求解质量提高 30%，具体流程如下所示。

Algorithm 2：Function RVNS (x, k_{max}, T_{max}) ；

---

repeat
    $k \leftarrow 1$ ；
    repeat
        $x' \leftarrow Shaking(x, k)$ ；／＊在邻域 $N_k(x)$ 中仅选择一点 x'，即扰动过程＊／
        if $f(x') < f(x)$ then
            $x \leftarrow x'$; $k \leftarrow 1$ ；／＊若解的质量提高了，则从第一个邻域重新开始搜索＊／
        else
            $k \leftarrow k+1$ ；／＊若解的质量未改进，则移至下一邻域＊／
    until $k = k_{max}$
    $t \leftarrow CPUTime()$ ；
until $t > T_{max}$

（3）一般变邻域搜索

GVNS 可以看成是简化变邻域搜索在局部搜索过程中采用变邻域深度搜索。GVNS 通过简化变邻域搜索实现对局部的扰动，通过变邻域深度搜索实现对局部的精确搜索，算法流程如下所示。

Algorithm 3：Function GVNS $(x, K_{max}, L_{max}, T_{max})$

1. initialization：构建邻域结构 $N_k(k=1,\cdots,K_{max})$ 用于算法扰动，构建邻域结构 $N_l(l=1,\cdots,L_{max})$ 用于局部搜索，设置初始解 x

2. repeat

   （1）set $k\leftarrow 1$；

   （2）repeat

      （a）Shaking

         随机选择一点 $x'\in N_k(x)$；

      （b）Local Search

         repeat

             （i）set $l\leftarrow 1$；

             （ii）在第 l 个邻域内搜索 $x''\in N_l(x')$；

             （iii）if $f(x'')<f(x')$ then $x'\leftarrow x''$；$l\leftarrow 1$；else $l\leftarrow l+1$；

         until $l= L_{max}$

      （C）Moving

         if $f(x')<f(x)$ then $x\leftarrow x'$；$k\leftarrow 1$ else $k\leftarrow k+1$；

      until $k=K_{max}$

     $t\leftarrow$CPUTime（）；

 until $t>T_{max}$

通过以上描述可以看出，扰动过程、局部搜索和邻域变换是变邻域搜索的基本组成部分。简化变邻域搜索无局部搜索过程，虽能节约搜索时间，但降低了算法求解精度；变邻域深度搜索虽有较精确的局部搜索，但没有扰动过程，易陷入局部最优；而一般变邻域搜索既可对局部进行精确搜索，又能避免陷入局部最优，提高了算法的寻优性能。

5.3.3　变邻域搜索算法研究现状

VNS 原理简单易于实现，具备较强的空间搜索能力，同时具有参数设置少等优点，已被广泛应用于求解作业车间调度问题、选址问题、车辆路径问题、装配线平衡问题和物流配送问题等。

首先，在求解车间调度问题方面，Moslehi 等[207] 针对有限缓冲流水车间调度问题，提出一种混合 VNS。李坤等[208] 针对中间存储能力有限的混合流水车间调度问题，提出一种自适应 VNS，构造了基于块删除与插入的大规模邻域搜索策略。潘全科等[209] 为了解决作业车间调度问题，利用粒子群算法和变邻域搜索算法的互补性，提出了一种粒子群–变邻域搜索的混合调度算法。易军等[210] 针对最小化最大完工时间的作业车间调度问题，提出一种基于变邻域趋化操作的细菌觅食优化算法，利用邻域搜索提高局部最优解的精确度。Cheikh 等[211] 应用 VNS 求解多车间调度问题，在所采用的 VNS 中设计了 4 种邻域结构以快速找到合理的调度路径。

此外，在求解车辆路径问题方面，姜贵山等[212] 设计了改进的引导式邻域搜索算法求解周期性车辆路径问题。王仁民等[213] 针对动态车辆路径问题，提出一种改进 VNS。该算法利用 VNS 对路径空间进行 "局部探索"，并结合变异机制对路径空间进行 "全局开采"。Kammoun 等[214] 基于 VND 提出一种新的变邻域搜索启发式算法，以最小化运输距离。Akpinar[215] 提出一种混合大规模邻域搜索算法以解决车辆路径问题。

在其他应用领域方面，李青等[216] 针对闭合供应链选址问题，提出了一种基于进化策略的 VNS。该算法引入种群进化机制，采用基于概率的进化方法选择个体进化，被选中的个体按照 VNS 逐步优化。苏亚军等[169] 针对拆解线平衡问题，提出一种改进的 VNS。He 等[217] 针对工程调度问题，为了最小化最大现金流量，设计了一种变邻域–禁忌搜索算法，并提出两种改进措施以提高算法的搜索性能。Khelifa 等[218] 将 VNS 应用于旅行商问题以最小化总旅行距离。在局部搜索过程中，设计了 3 种邻域结构并采用随机搜索策略进行局部搜索。Hansen 等[219] 应用 VNS 解决泊位分配问题，为驶入的货船合理分配空间，以最小化等待和处理成本，并通过算例验证了 VNS 比遗传算法等元启发式算法有更好的求解效果。Hassannayebi 等[220] 针对铁路运输时间安排问题，以最小化旅客总等待时间为目标，优化城市轨道交通系统列车时刻表。为了解决大规模问题，设计一种自适应与可变邻域搜索方法，并在伊朗德黑兰城市地下铁路系统得到验证。Dellaert 等[221] 提出制订可行的患者入院计划问题，使患者在整个住院期间最大程度减少对护士、病床和手术室等有限资源的使用。为了有效解决该问题，提出了一种新的 VNS，并通过与 CPLEX 比较，证明所提算法能在更短时间内提出更有效的解决方案。Consoli 等[222] 针对最少生成树问题，提出了一种智能变邻域搜索算法，该算法基于基本变邻域搜索算法，与机器学习及统计数据和实验算法相结合，以提供高质量的生成策略。更多相关内容可参见 Hansen 等[204] 关于变邻域搜索算法及其应用的介绍。

5.4 一种自适应进化动态邻域搜索算法

与采用单一邻域搜索的其他局部搜索算法相比，VNS 搜索范围更广、精度更高，但同时也存在搜索随机性较强、易陷入局部最优等问题。因此，本章从解的初始化、局部搜索、局部扰动和邻域变换等方面对 VNS 进行改进，提出了一种自适应进化动态邻域搜索（Adaptive Evolutionary Dynamic Neighborhood Search，AEDNS）算法。该算法引入初始种群拓展搜索空间，并采用锦标赛法选择个体以提高优质个体被选择进化的概率；在局部搜索时，设计了邻域结构自适应选择策略，以动态选择对个体改进效果好的邻域结构进行搜索，提高搜索效率；在每次种群进化阶段结束后，采用精英保留策略及末位淘汰机制对种群个体进行调整，以提高种群质量。算法流程如图 5-6 所示。

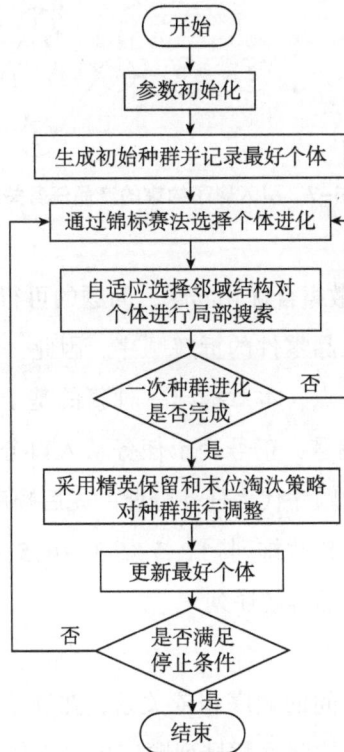

图 5-6　AEDNS 算法流程

5.4.1　编码与解码

（1）编码

为了更好地描述 U 型拆解线任务双向分配的特点，所提算法引入影子约束[223] 至图 5-2 产品任务关系中，最终效果如图 5-7 所示。其中，实线箭头代表先后关系约束，对应 U 型拆解线的入口约束，虚线箭头代表影子约束，对应 U 型线的出口约束。在拆解任务分配时，从虚线任务 0 开始，可选择按照拆解任务先后关系约束向后分配至入口工作站，或按照影子约束向前分配至出口工作站。

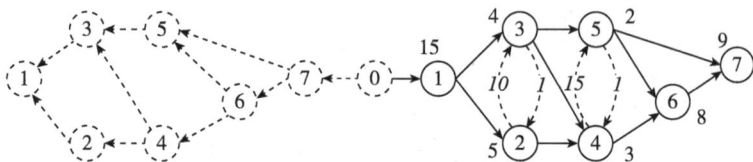

图5-7　引入影子约束的产品任务关系

USDDLBP 是一个离散组合优化问题，问题的可行解就是在满足任务拆解先后关系约束的前提下产品零件的拆解顺序。因此，针对 U 型拆解线任务可双向分配到工作站上的特点，本章提出一种新的基于正负整数排列的编码方式。数字代表拆解任务编号，正号表示任务从入口分配，负号表示任务从出口分配，数字从左向右的顺序代表任务分配的先后顺序。以图5-7 中的含有 7 个零件的产品拆解为例，整数排列 $\{1,-7,2,3,-6,5,4\}$ 满足拆解先后关系约束，可表示一个可行的产品拆解序列。

（2）解码

解码过程是考虑任务间的顺序相依关系，在满足工作站总作业时间不超过节拍时间约束前提下，按照整数排列顺序依次将任务从 U 型拆解线的入口和出口分配至工作站，并计算各目标函数值。设 $CT=20$ s，以可行解 $\{1,-7,$ $2,3,-6,5,4\}$ 的解码为例。首先开启工作站 1 并将任务 1 从 U 型线的入口分配，此时工作站 1 的作业时间 $ST_1=15$ s，空闲时间 $IT_1=20$ s−15 s=5 s；随后将任务 7 从 U 型线的出口分配，由于 $t_7=9$ s>IT_1，需开启工作站 2，并将任务 7 分配至工作站 2 中，此时 $IT_2=11$ s；接着将任务 2 从入口分配，由于受到任务 3 的干扰，任务 2 的实际拆解时间 $t_2'=t_2+sd_{32}=5$ s+1 s=6 s<IT_2，可将任务 2 继续分配至工作站 2 中，以此类推，至所有任务分配完毕解码结束。解码结果如表5-1 所示，任务在 U 型拆解线工作站上的分配如图5-3 所示。该产品仅零件 7 有危害，各零件的需求量分别为：360、500、620、480、540、750、295。故可求得各目标函数值：$NWS=4$，$DT=15+15+20+12=62$，$SI=5^2+5^2+$ $8^2+0^2=114$，$H=7\times1=7$，$D=360\times1+500\times2+620\times3+540\times4+480\times5+750\times6+$

295×7 = 14 345。

表 5-1　解码结果

工作站	拆解任务序列实际拆解时间/s						作业时间/s	空闲时间/s
	1	-7	2	3	-6	5	4	
1	15							15	5
2		9	5（+1）					15	5
3				4	8			12	8
4						2（+15）	3	20	0

5.4.2　初始解生成

VNS 是在一个初始解上进行搜索，搜索范围仅基于空间上的一点进行，初始搜索范围较窄，搜索效率较低。受群智能算法启发，AEDNS 算法构造包含 SN 个个体（解）的初始种群 $P = \{x_1, x_2, \cdots, x_{SN}\}$，以增加解的空间分布，扩大搜索范围。初始解的质量在一定程度上影响算法的寻优速度，为了保证初始种群生成的多样性，使初始解更广泛地分布在整个解空间，以提高寻优效率，所提算法采用面向工作站的随机生成法初始化 SN 个个体，生成过程如下。

第 1 步：开启工作站 k，$k=1$，可从 U 型拆解线的前后两端分配任务。

第 2 步：生成可选任务集 C^*。根据影子约束产品任务关系，分别从前后两端选择任务。从前端选择时，若任务 i 未分配，且无前驱任务或其前驱任务已分配，则将任务 i 添加到 C^*；从后端选择时，若任务 j 未分配，且无后继任务或其后继任务已分配，则将该任务取负以表示为出口分配任务，即将任务 $-j$ 添加到 C^*。

第 3 步：生成可分配任务集 A^*。从 C^* 中选取实际作业时间不超过当前工作站空闲时间的任务构成集合 A^*。若 A^* 为空，表示当前工作站空闲时间不足以拆解任何任务，需开启下一工作站 k，$k=k+1$，并重复第 3 步。

第 4 步：选择任务分配。从 A^* 中随机选取任务分配至当前工作站，若选取的任务 i 是正整数，表示从前端分配，若是负数，表示从后端分配。

第 5 步：重复第 2~第 4 步，直至任务分配完毕。

以图 5-7 产品拆解为例，假设节拍时间 $CT=20$ s。首先开启工作站 1，生成可选任务集 C^*，在该示例中，任务 1 无前驱任务，任务 7 无后继任务，因任务 7 需从 U 型线出口分配，故将其取负表示，将这两个任务添加到 $C^*=\{1,-7\}$；然后从 C^* 中选取可分配任务集 A^*，任务 1 的拆解时间为 15 s，任务 7 的拆解时间为 9 s，均小于当前工作站空闲时间 20 s，将任务 1、任务 -7 添加到 $A^*=\{1,-7\}$；再从 A^* 中随机选取一个任务 $r=\text{rand}(\ )\%2+1$，其中 2 为可分配任务总数。若 $r=1$，则选取任务 1 分配至工作站 1，此时工作站 1 的空闲时间为 20 s-15 s=5 s，若 $r=2$，则选取任务 -7 分配至工作站 1，则当前工作站空闲时间为 20 s-9 s=11 s。然后再根据引入影子约束的产品任务关系重新选取可分配任务，以此类推构建一个可行初始解。

由于种群中个体质量参差不齐，在种群进化过程中为了提高优质个体被选择进化的概率，采用锦标赛法对个体进行选择。锦标赛法在每次进化时，从种群中随机选取 n 个个体，然后再从这 n 个个体中选择最优个体，进入下一代进化。通过锦标赛法可以增加适应值好的个体进化的机会，提高算法收敛速度。

5.4.3　自适应动态邻域搜索

在 VNS 中，邻域结构是按照既定顺序变化以完成对解的局部搜索的，采用这种方式的缺点是在每次搜索过程中，所有邻域结构依次被执行，然而随着种群进化的深入，一些邻域结构对解的改进能力逐渐减弱，甚至已不能实现对解的更新，重复在这些邻域结构内搜索将导致搜索效率降低。因此，AEDNS 算法在对解进行局部搜索时，提出了一种自适应动态邻域搜索（Adaptive Dynamic Neighborhood Search，ADNS）策略，通过自适应选择机制，动态选择邻域结构对解进行局部搜索，以提高对解改进幅度大的邻域结构被选择的概率，提高搜索质量。ADNS 方法在搜索初期，按照既定顺序变换邻域结构，并记录邻域结构 N_k 对解的未改进次数 F_k。随着迭代的进行，当出现某一邻域结构的 F_k 值达到预先设定阈值 F_{max} 时，说明该邻域结构已不能对当前解进行有效改进，此时应采用自适应选择机制，根据 $SP_k = (1/F_k)/(\sum\limits_{k=1}^{K} 1/F_k)$ 动态选择邻域结构，由此可知，对解改进效果越好的邻域结构被选择的概率越大，然后采用一步改进法在选中邻域结构内进行局部搜索，以提高局部搜索效率，具体流程如下。

第 1 步：参数初始化。选定初始解 x，构建邻域结构集 $N_k(k=1,\cdots,K)$，设置每个邻域结构的 $F_k=0(k=1,2,\cdots,K)$，$F_{max}=G$（G 为常数），设 $k=1$。

第 2 步：扰动过程。在 x 的第 k 邻域 $N_k(x)$ 中随机选择一点 x'。

第 3 步：自适应邻域变换。若 x' 优于 x，则 $x=x'$，否则 $F_k=F_k+1$；然后按既定顺序移动邻域结构 $k=k+1$，当 $F_k=F_{max}$ 时，则采用自适应选择邻域结构。

第 4 步：重复第 2~第 3 步，直至满足停止条件。

针对 USDDLBP 编码特点，本章构建由突变［图 5-8（a）］、逆序［图 5-8（b）］、插入［图 5-8（c）］、右变异［图 5-8（d）]4 种邻域结构组成的邻域结构集的 ADNS，4 种邻域结构在满足任务先后关系约束前提下的操作如下。

（1）突变

从出口和入口两个方向选择任务突变。若突变任务为入口任务，则突变为出口任务，并从出口随机分配；反之，若突变发生在出口，则将该任务从入口随机分配。

（2）逆序

在序列 x 上选取一段子序列，将该片段任务逆序排列。

（3）插入

在序列 x 上随机选取两个位置 i 和 j，将位置 i 的任务插入位置 j，位置 j

至 $i-1$ 的任务依次向后移动生成 x'。

（4）右变异

在序列 x 上随机产生一点 i，该点后的序列片段重新构建。

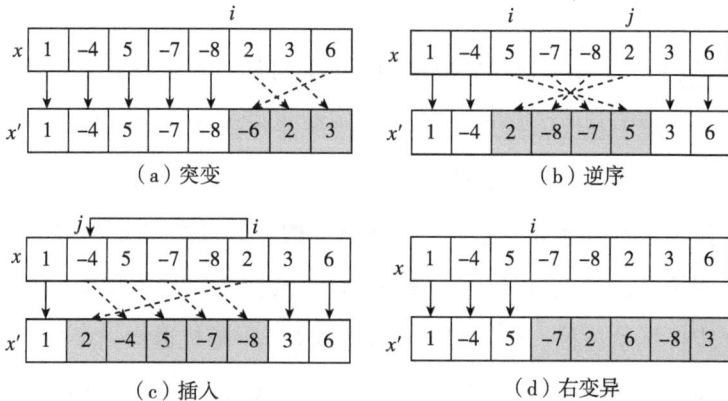

图 5-8　邻域结构

5.4.4　种群个体调整

当种群完成一次进化后，需对种群内的个体进行调整。为了保证下一代种群的个体质量和多样性，采用精英保留与末位淘汰机制相结合的策略。首先将种群中的个体按照质量优劣排序，排序前 50% 的个体直接进入下一代种群中。排序后 25% 的个体直接淘汰，并通过随机生成法重新构建相应数量的新个体注入下一代种群中，以增加种群的多样性。种群中的其他个体随机选择前 50% 个体中的一个进行交叉，如图 5-9 所示，并将交叉后的更优子个体添加到下一代种群中。通过精英保留及末位淘汰机制保证了下一代种群的质量和多样性，从而加快进化速度。

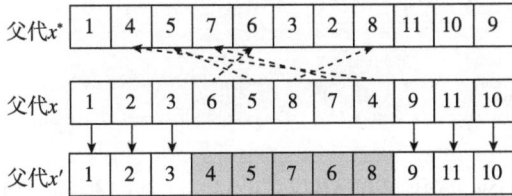

图 5-9　交叉

5.4.5　AEDNS 算法流程

AEDNS 算法针对 U 型拆解线可前后两端分配任务的特点，设计了正负整数排列编码方式，通过引入初始种群扩大解的空间分布，并采用随机生成法构造初始解，保证初始种群的多样性；在种群进化过程中，通过锦标赛法提高优质个体被选择进化的概率；在个体进化过程中，设计了自适应动态邻域搜索方法，提高个体进化效率；每次种群进化完毕后，通过精英保留和末位淘汰策略更新种群个体，从而保证种群的整体质量，算法流程如下。

第 1 步：种群初始化。采用正负整数排列编码方式，通过面向工作站的随机生成法构建包含 SN 个个体的种群。

第 2 步：选择个体。采用锦标赛法从种群中随机选取 n 个个体，然后从 n 个个体中选择质量最优的个体 x 进化。

第 3 步：个体进化。对个体 x 采用一种自适应动态邻域搜索算法进行局部搜索以改进个体 x 的质量。

第 4 步：判断一次种群进化是否完成，未完成则跳至第 2 步继续选择个体进化，否则转至第 5 步。

第 5 步：种群更新。采用精英保留和末位淘汰策略，筛选出质量优的个体进入下一代种群，以及剔除质量差的个体，并通过随机生成法重新构建新个体注入种群中。判断是否达到终止条件，若未达到则跳至第 2 步继续下一代种群进化，否则转至第 6 步。

第 6 步：终止迭代，输出最优个体。

5.5 算例验证

本章所提 AEDNS 算法采用 Microsoft Visual C++编码，在 Core I5-4288U、4G 内存电脑上运行。为了充分验证算法的有效性，本章对参考文献 [166] 中 47 个零件的笔记本电脑算例进行修改，假设任务 3/4、9/10、11/12、20/22、23/24、34/35、37/43 之间存在相互干扰，时间增量为 $sd_{3,4}=6$、$sd_{4,3}=10$、$sd_{9,10}=14$、$sd_{10,9}=2$、$sd_{11,12}=6$、$sd_{12,11}=2$、$sd_{20,22}=12$、$sd_{22,20}=4$、$sd_{23,24}=12$、$sd_{24,23}=10$、$sd_{34,35}=10$、$sd_{35,34}=4$、$sd_{37,43}=16$、$sd_{43,37}=25$，其他具体信息如表 5-2 所示。通过 10 个零件的 P10 算例（具体信息请参见图 4-13 和表 4-3）、25 个零件的 P25 算例（具体信息请参见图 4-15 和表 4-6）和 47 个零件的 P47 算例进行验证，并分别采用 RVNS、GVNS 和 AEDNS 3 种元启发式算法对 P10、P25 和 P47 3 种不同规模算例在 10 s、100 s 和 1000 s 内进行求解，每个算例求解 30 次，获得的最优解、均值和标准差如表 5-3、表 5-4 所示。

表 5-2　P47 算例具体信息

零件名称	任务编号	拆解时间/s	需求量	危害指数	前驱任务	干扰任务及干扰时间
2 螺栓组	1	16	1	0	0	—
4 螺栓组	2	32	1	0	1	—
硬盘	3	4	3	1	2	$sd_{4,3}=10$
硬盘盖	4	4	1	0	2	$sd_{3,4}=6$
电池	5	4	5	1	0	—
电池盖	6	6	1	0	5	—
支脚	7	10	1	0	0	—

零件名称	任务编号	拆解时间/s	需求量	危害指数	前驱任务	干扰任务及干扰时间
2 螺栓组	8	16	1	0	0	—
ZIF 连接器	9	5	2	0	8	$sd_{10,9}=2$
4 螺栓组	10	32	1	0	8	$sd_{9,10}=14$
光盘驱动器	11	4	4	1	9,10	$sd_{12,11}=2$
光盘驱动器盖	12	6	1	0	10	$sd_{11,12}=6$
1 螺栓组	13	8	1	0	0	—
内存盖	14	2	2	0	13	—
3 螺栓组	15	24	1	0	0	—
密封条	16	7	1	0	15	—
4 螺栓组	17	32	1	0	16	—
键盘	18	6	2	0	17	—
内存（底部）	19	4	7	1	14	—
2 螺栓组	20	16	1	0	18	$sd_{22,20}=4$
调制解调器	21	4	6	1	20	—
PCI 卡	22	4	7	1	18	$sd_{20,22}=12$
4 螺栓组	23	32	1	0	22	$sd_{24,23}=10$
4 螺栓组	24	32	1	0	22	$sd_{23,24}=12$
显示器	25	16	6	1	23,24	—
11 螺栓组	26	88	1	0	19	—
散热器盖	27	8	2	0	26	—
4 螺栓组	28	32	1	0	27	—
散热器	29	6	4	1	28	—
1 螺栓组	30	8	1	0	29	—
中央处理器	31	4	7	1	30	—
13 螺栓组	32	104	1	0	1, 5, 9, 18	—

续表

零件名称	任务编号	拆解时间/s	需求量	危害指数	前驱任务	干扰任务及干扰时间
顶盖	33	18	2	0	32	—
排线	34	4	2	0	33	$sd_{35,34}=4$
1 螺栓组	35	8	1	0	33	$sd_{34,35}=10$
扬声器	36	8	4	1	34，35	—
9 螺栓组	37	72	1	0	36	$sd_{43,37}=25$
主板	38	8	1	0	37	—
9 螺栓组	39	72	1	0	38	—
风扇	40	10	3	0	39	—
2 螺栓组	41	16	1	0	40	—
音频板	42	4	3	1	41	—
2 螺栓组	43	16	1	0	36	$sd_{37,43}=16$
LED 板	44	4	4	1	43	—
4 螺栓组	45	32	1	0	44	—
触摸板	46	4	3	0	45	—
内存（顶部）	47	4	7	1	18	—

表 5-3　RVNS、GVNS 和 AEDNS 获得的最优解对比

算例	方法	目标函数				
		f_1	f_2	f_3	f_4	f_5
	RVNS	5	177	113	6	10 460
P10	GVNS	5	177	113	6	10 460
	AEDNS	5	177	113	6	10 460
	RVNS	10	163	35	72	896
P25	GVNS	10	163	35	72	895
	AEDNS	10	163	35	72	885

续表

算例	方法	目标函数				
		f_1	f_2	f_3	f_4	f_5
	RVNS	5	878	2978	281	2531
P47	GVNS	5	878	2978	292	2520
	AEDNS	5	878	2978	278	2412

表 5-4　RVNS、GVNS 和 AEDNS 求解结果对比

目标函数	方法	P10		P25		P47	
		均值	标准差	均值	标准差	均值	标准差
f_1	RVNS	5	0	10	0	5	0
	GVNS	5	0	10	0	5	0
	AEDNS	5	0	10	0	5	0
f_2	RVNS	177	0	163	0	878	0
	GVNS	177	0	163	0	878	0
	AEDNS	177	0	163	0	878	0
f_3	RVNS	113	0	35	0	2978	0
	GVNS	113	0	35	0	2978	0
	AEDNS	113	0	35	0	2978	0
f_4	RVNS	6	0	73.31	10.67	289.56	125.70
	GVNS	6	0	72	0	295.56	195.70
	AEDNS	6	0	72	0	285.56	45.70
f_5	RVNS	10 460	0	866.19	143.32	2497.92	586.77
	GVNS	10 460	0	891.35	70.22	2585.50	980.81
	AEDNS	10 460	0	889.21	25.40	2445.50	280.81
t	RVNS	8.67	11.21	97.64	13.70	933.20	178.67
	GVNS	7.54	21.33	90.51	24.62	971.50	245.71
	AEDNS	6.23	8.96	84.12	10.25	927.20	73.65

对于小规模算例 P10 来说，RVNS、GVNS 和 AEDNS 3 种元启发式算法分别平均在 8.67 s、7.54 s、6.23 s 内可找到问题的最优解，即 $f_1 = 5$，$f_2 = 177$，$f_3 = 113$，$f_4 = 6$，$f_5 = 10\,460$，且 3 种算法在 30 次求解过程中均能寻得问题最优解（表 5-4）。在搜索速度方面，AEDNS 要快于 RVNS 与 GVNS 两种算法，体现出更高的寻优效率。最优拆解序列如表 5-5 所示，可以看出任务 10、任务 4、任务 6、任务 9、任务 5 从入口方向分配至工作站，任务 2、任务 3、任务 1、任务 8、任务 7 从出口方向分配至工作站。在拆解时，由于其他任务的干扰，任务 3、任务 4、任务 6 的拆解时间分别增加了 2 s、3 s、3 s。

表 5-5　P10 算例最优拆解序列

任务	工作站任务拆解时间/s				
	1	2	3	4	5
10	10				
-2	10				
-3	12 (+2)				
-1		14			
4		17 (+1+2)			
-8			36		
-7				19	
6			14 (+1+2)		
9					14
5					23
作业时间/s	34	34	36	36	37
空闲时间/s	6	6	4	4	3

对于中规模算例 P25 来说，3 种元启发式算法 RVNS、GVNS 和 AEDNS 分别平均在 97.64 s、90.51 s、84.12 s 内可搜索到 P25 算例的近似最优解，但 AEDNS 搜索到的问题近似最优解优于其他两种算法（表 5-4），体现出更好的搜索质量及更快的搜索效率。在求解稳定性方面（表 5-4），3 种算法 30 次求解结果的均值和标准差在目标函数 f_1、f_2、f_3 上一致，但在目标函数 f_4 上，GVNS 和 AEDNS 所得解的均值和标准差均为 72 和 0，要优于 RVNS 的 73.31 和 10.67，因此 GVNS 和 AEDNS 求解结果在稳定性方面要好于 RVNS。在目标函数 f_5 上，AEDNS 和 GVNS 所得解的均值和标准差分别为 889.21、25.40 和 891.35、70.22，可知 AEDNS 波动性更小，稳定性更好。通过以上对比得出，在求解质量、求解速度和求解稳定性方面，AEDNS 要优于 GVNS 和 RVNS 两种算法，体现出更好的求解性能。

对于大规模算例 P47 来说，在 1000 s 内 AEDNS 获得的最优解要优于 RVNS 和 GVNS，体现出更好的求解质量。在求解时间方面，AEDNS 所用的平均求解时间最少，但获得的较优解更好，体现出更高的求解效率。此外，在求解稳定性方面，通过表 5-4 可以看出，3 种算法在目标函数 f_1、f_2、f_3 上一致，但在目标函数 f_4、f_5 上，AEDNS 所得解的均值和标准差均好于 RVNS 和 GVNS，体现出更强的稳定性。通过求解 P47 算例，AEDNS 在求解质量、求解速度和稳定性方面的优势进一步体现。

图 5-10 为 GVNS、AEDNS 和 RVNS 3 种算法分别求解 3 种规模算例的平滑指数收敛对比。可以明显看出，在小规模算例 P10 中，AEDNS 的收敛速度已快于 GVNS 和 RVNS 两种算法，虽然优势并不是很显著，但对于中规模算例 P25 而言，AEDNS 收敛速度已经明显快于 GVNS 和 RVNS。在求解大规模算例 P47 时，AEDNS 的快速收敛效果更加明显。AEDNS 能够快速收敛体现了其良好的求解性能。

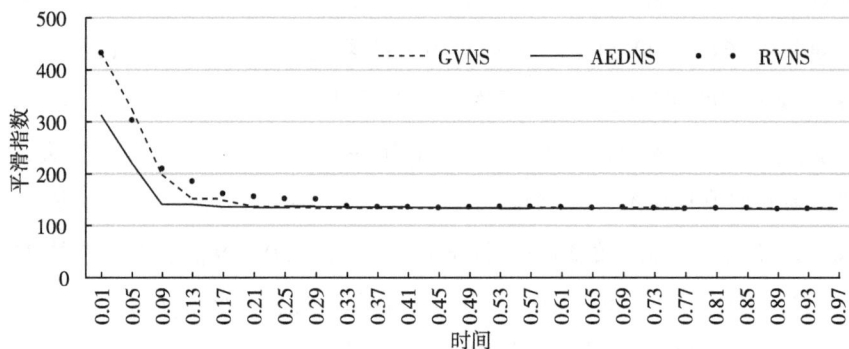

（a）P10

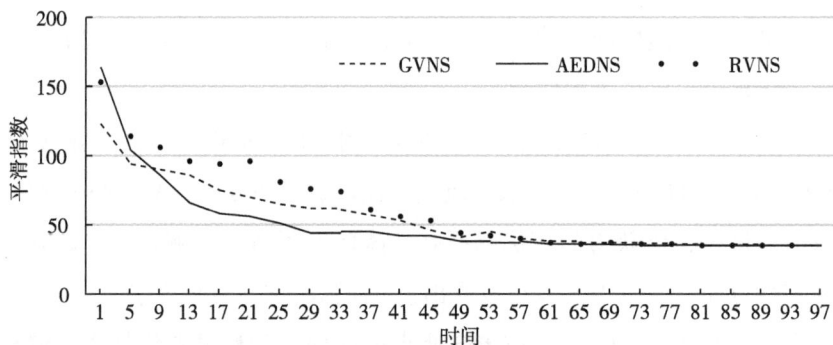

（b）P25

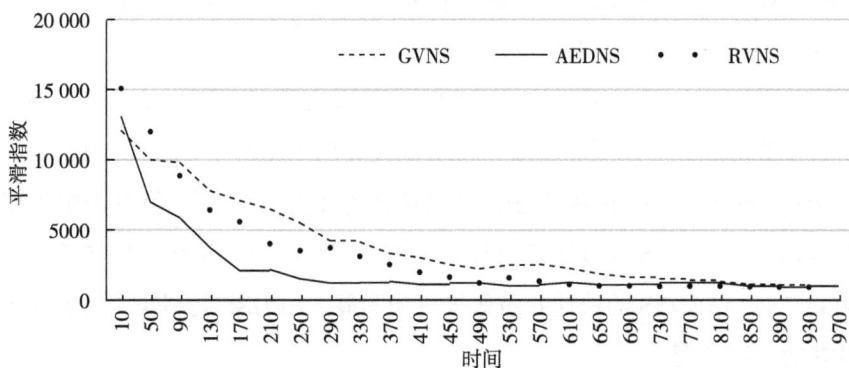

（c）P47

图 5-10　GVNS、AEDNS 和 RVNS 平滑指数收敛对比

AEDNS 高效的求解性能主要源于以下几个方面：①引入初始种群拓展搜索空间，可有效避免在单一初始解上进行搜索而造成初始搜索范围较窄、搜索效率较低的问题；②在选择个体进化时采用锦标赛法以提高优质个体被选择进化的概率；③在个体进化过程中，设计了邻域结构自适应选择机制，动态选择邻域结构以对解进行局部搜索，采用这种方式可有效解决顺序变化邻域结构造成重复在一些对解不能改进的邻域结构继续搜索而导致搜索效率降低的问题，进而加强对解改进幅度大的邻域结构的搜索，从而提高搜索质量；④在每次种群进化完，采用精英保留策略及末位淘汰机制实现对种群个体进行调整，以提高下一代种群质量。

表 5-6 为 U 型布局和直线型布局结果对比。通过该表可以看出，在小规模算例 P10 中，两种布局方式所开启工作站数量都为 5，最短总拆解时间都为 177，但在平滑指数 SI 方面，U 型布局为 113，要小于直线型布局的 119。对于算例 P25，两种布局在开启工作站数量、最短总拆解时间、平滑指数方面一致，但是在危害指数上，U 型拆解线为 72，要小于直线型的 81。对于大规模算例 P47，二者在开启工作站数量、最短总拆解时间、平滑指数 3 个目标方面也一致，但在危害指数上，U 型拆解线为 278，要小于直线型的 287。图 5-11 和图 5-12 为 P10 产品拆解任务在两种拆解线上的分配情况，由于 U 型拆解线可从前端和后端双向分配任务，其比直线型拆解线的任务分配更灵活，可更合理地分配拆解任务以提高工作站利用率，减少对环境的危害，降低需求指数。

表 5-6　U 型布局和直线型布局结果对比

算例	布局	目标函数					拆解序列
		f_1	f_2	f_3	f_4	f_5	
P10	U 型	5	177	113	6	10 460	10,-2,-3,-1,4,-8,-7,6,9,5
	直线型	5	177	119	5	7305	6,4,9,5,7,1,8,10,3,2

算例	布局	目标函数					拆解序列
		f_1	f_2	f_3	f_4	f_5	
P25	U 型	10	163	35	72	811	$1,2,-24,-12,-11,-10,3,8,7,6,9,$ $14,13,-5,-20,17,21,25,22,16,23,$ $15,18,-4,19$
	直线型	10	163	35	81	924	$2,1,4,5,10,3,8,7,6,9,11,12,14,13,$ $17,21,15,16,25,22,18,20,19,23,24$
P47	U 型	5	878	2978	278	2451	$-46,-45,-12,-6,-42,-41,-40,$ $-39,5,13,14,19,-38,-37,-25,1,$ $-24,2,4,-23,3,15,16,17,18,47,$ $-44,20,21,-43,22,-36,26,27,28,$ $29,30,31,8,-35,9,10,11,-34,32,$ $33,7$
	直线型	5	878	2978	287	2353	$4,12,13,18,14,7,15,0,8,25,9,10,$ $16,17,46,26,27,28,19,1,31,21,20,$ $32,33,34,35,42,36,43,3,2,29,30,$ $37,22,23,38,24,39,40,41,44,6,45,$ $5,11$

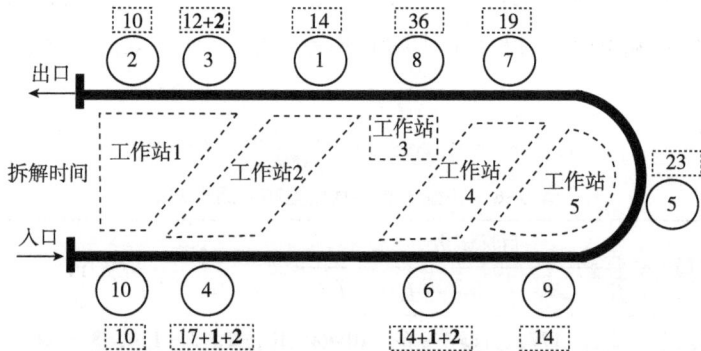

图 5-11 P10 产品拆解任务在 U 型拆解线上的分配情况

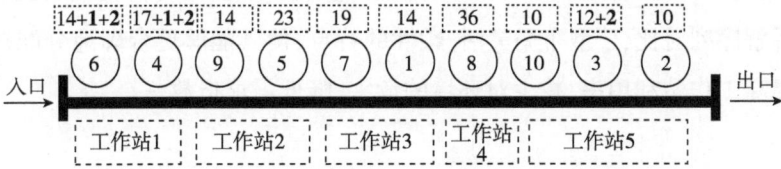

图 5-12　P10 产品拆解任务在直线型拆解线上的分配情况

5.6　本章小结

信息技术的快速发展、经济水平的提高,以及人们个性化消费等因素的影响,导致电子产品更新速度加快,大量废旧电子产品被淘汰。电脑、手机等电子产品的回收数量受信息技术革新和人们个性化需求影响波动较大,由于电子产品种类繁多、构造复杂,即使同品牌不同型号的产品其内部构造也存在一定差异,使得此类产品更适合在比传统直线型拆解线效率更高、更灵活的 U 型拆解线上进行拆解。基于此,本章首次提出了 U 型顺序相依拆解线平衡问题。

从经济、环境和资源 3 个角度出发,以最小化工作站开启数量、最短总拆解时间、均衡工作站空闲时间、尽早拆解有危害和高需求零件为目标,考虑顺序相依任务间的相互影响,建立了多目标 USDDLBP 优化模型,并提出一种自适应进化动态邻域搜索算法。为了提高算法搜索效率,扩大搜索空间,算法引入初始种群以拓展搜索空间,并采用锦标赛法选择个体以提高优质个体被选择进化的概率;在局部搜索时,设计了邻域结构自适应选择策略,以自适应选择对个体改进效果好的邻域结构进行搜索,提高搜索质量;在每次种群进化完成后,采用精英保留策略及末位淘汰机制对种群个体进行调整,以保证下一代种群的质量。为了验证算法的可行性与高效性,采用 RVNS、GVNS 和 AEDNS 3 种元启发式算法分别对 P10、P25 和 P47 3 种规模算例进行求解,结果表明本章所提 AEDNS 算法能够在更短时间内获得 USDDLBP 更优解,且稳定性高,并随着问题规模的增大优势更为明显,体现了 AEDNS 算法的优越性。此外,与传统直线型拆解线最优拆解序列对比,U 型布局灵活、柔性的特点,使其能够更合理地分配拆解任务以提高工作站利用率,减少对环境的危害,降低需求指数。

第 6 章
双边顺序相依拆解线平衡问题优化

以直线型和 U 型布局的单边拆解线,适合体积相对较小的废旧产品拆解。随着汽车产业的快速发展及人们生活水平的普遍提高,大量废旧汽车被淘汰。据中国汽车工业协会统计,我国汽车保有量已经突破 1.84 亿辆,年报废汽车数量超过 700 万辆。轿车、卡车等大型废旧产品不仅规格大、结构复杂,而且需要占用较大拆解空间,若采用单边布局拆解线进行作业,容易造成拆解过程中工人和机器设备围绕待拆产品的移动距离较远,从而影响拆解效率,因此,在拆解体两边并行作业的方式得以广泛应用。本章针对大型产品在双边布局拆解线上进行作业,首次提出双边顺序相依拆解线平衡问题,并构建该问题的数学模型,然后通过一种双种群协作遗传算法进行求解。

6.1 双边拆解线的特点

按照拆解操作方位,拆解线可分为单边拆解线和双边拆解线。单边拆解线的特点是工作站分布在拆解线的同一侧,工人和机器设备仅在拆解线的一侧进行作业,包括单边直线型拆解线和单边 U 型拆解线;而在双边拆解线中,工位沿着传送装置布置在拆解线的左、右两侧,从而形成两个独立的工作区域,零件的拆解任务可在两侧工位上独立、并行地完成。双边拆解线布局如图 6-1 所示,工位在传送装置左右两侧呈对称分布,二者被称为成对工位或一个工作站,成对工位中的一个工位称为另一工位的伴随工位。待拆产品通过传送装置，两侧工位并行执行拆解任务，从而完成零件的拆解。

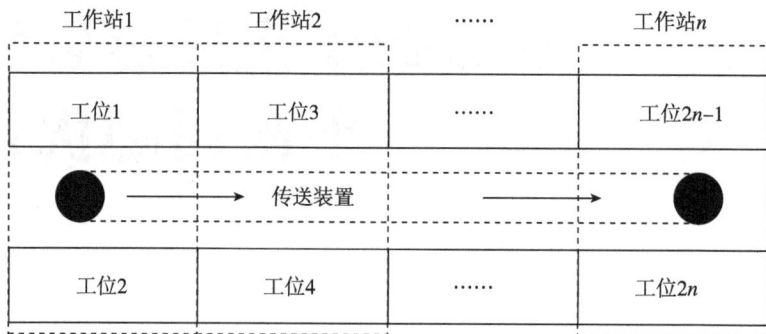

图 6-1　双边拆解线布局

在实际拆解过程中，由于拆解空间和方位等因素的限制，一些体积较大且结构复杂的产品，如汽车、牵引车和起重机等，大都采用双边布局拆解线组织拆解。拆解大型产品需要较大的操作空间，双边拆解线上工人可在拆解体的左、右两侧独立、并行地进行拆解操作，可较大程度上提高工作效率。与传统单边直线型拆解线相比，双边拆解线具有拆解线长度更短、工装等设备利用率更高、工人移动距离更少等优点，具体阐述如下。

（1）缩短拆解线长度及拆解产品下线时间

从理论上讲，若不考虑成对工位上任务间因拆解先后关系约束而产生的"等待"影响，双边拆解线应是单边直线型拆解线长度的 1/2。即使考虑成对工位上任务间的"等待"时间，双边拆解线也能够在一定程度上节约拆解线所占用的空间。对于再制造企业，在保证废旧品拆解效率的前提下，拆解线长度越短则占地面积越少，与此同时，废旧产品在线上的时间也将缩短，拆解速度更快。

（2）减少工人行走距离，提高工作效率

双边拆解线缩短了拆解线的长度，工人只需在拆解线一侧进行拆解操作，而无须围绕大型产品来回走动，可减少工人行走距离，降低工人走动、搬运零件造成的时间浪费,提高了工作效率。此外,双边拆解线左、右两边的工人能够方便地进行交流协作,可有效应对一些突发情况,防止拆解中断。

(3)提高工装的使用率

双边拆解线工作站上的成对工位关联紧密,通常只需一次夹装,与传统单边直线型拆解线相比,可减少夹具的数量、夹具的开关次数及在夹具上的无效操作,提高工人的工作效率。

6.2 双边顺序相依拆解线平衡问题的约束及复杂性

6.2.1 双边顺序相依拆解线平衡问题特有约束

双边拆解与传统单边拆解作业方式相比,具备拆解线短、工装利用率高等优点,但其双边工位可并行分配拆解任务的操作方式也给拆解线平衡问题带来了新的挑战。由于拆解线布局方式的变化,双边拆解线在任务分配时不仅要考虑拆解先后关系约束和节拍时间约束,还需考虑"操作方位"和"序列相关"约束。

(1)拆解任务的"操作方位"约束

双边拆解线大都应用于装载机、汽车等大型废旧产品拆解,这类废旧产品所需拆解操作空间大,可供左、右两侧工位的工人并行作业。对于拆解线左侧的工人,只能对拆解体左侧区域内的零件进行作业;对于拆解线右侧的工人也是如此;而对于拆解体中间部位的零件,左、右两侧的工人都可进行拆解作业。这种拆解任务只能由左侧、右侧完成,或左右两侧工人均可完成的操作属性,称为拆解任务的"操作方位"约束,用操作方位属性 P_i 来表示[$P_i \in (L, R, E)$][236]。其中,L 和 R 分别表示任务 i 只能分配在拆解线的左侧或右侧工位;E 表示任务 i 可分配在拆解线上的任意一侧工位。

以卡车的拆解为例,电瓶、气罐、机油冷却器和右轮胎等在卡车的右侧,需由右边的工人及设备完成拆解;油箱、工具箱、高压泵和左轮胎在卡车的左侧，需由左边的工人及设备完成拆解；传动轴等在卡车的中间位置，因此可由任意一侧的工人和设备完成拆解。图 6-2 是产品拆解任务关系，任务 4、任务 5、任务 9 只能在拆解线左边工位完成，任务 2、任务 3、任务 7 只能在右边工位完成，任务 1、任务 6、任务 8 则可在任意一边工位上完成。

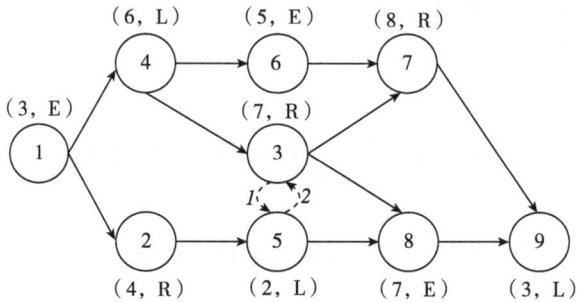

图 6-2　产品拆解任务关系

（2）拆解时间"序列相关"约束

双边拆解线左、右两边工人可并行拆解，会导致拆解过程中产生"等待"情形。所谓的"等待"是指当拆解线左（右）侧的工人完成一拆解任务后，准备开始下一任务的操作时，需要等待一段时间后方能开始，因为该项任务的前驱任务在拆解线的右（左）侧尚未完成。如图 6-3（a）所示，当右侧工位完成任务 2 后，发现不能马上进行任务 3 的拆解作业，因为任务 3 的前驱任务 4 在左侧工位尚未拆解结束，需等待任务 4 拆解完后方能拆解任务 3，此时便出现了"等待"。

在双边并行工作模式下，由于任务间存在拆解先后关系约束，导致左、右两侧工位在拆解零件时有可能产生一些无效的"等待"时间。然而，是否产生"等待"及"等待"的长短，均与拆解任务在左、右两侧工位上的分配顺序有着密切关联，调整拆解任务的分配顺序可缩短甚至避免"等待"时间。图 6-3 为图 6-2 所示产品的两种不同拆解任务分配方案，可以看出，图 6-3（b）比图 6-3（a）多产生两个部分"等待"时间，分别发生在任务 8 和任务

9 之前。

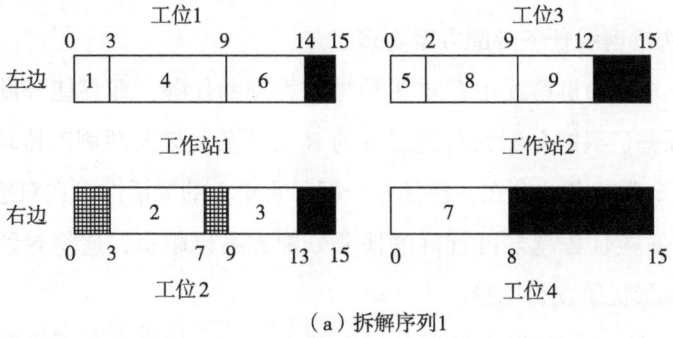

（a）拆解序列1

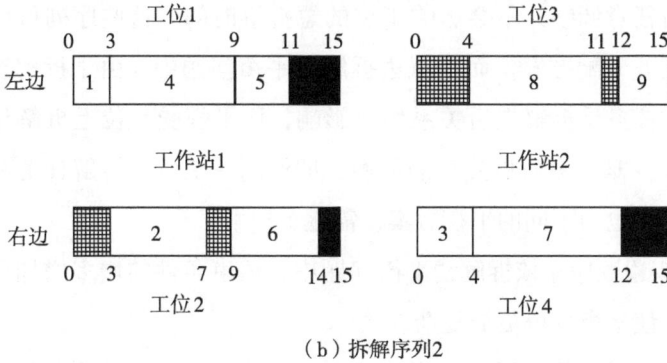

（b）拆解序列2

图 6-3　产品在双边拆解线上的两种不同拆解任务分配方案

因此，在双边拆解线上进行废旧产品拆解，任务的分配是"序列相关"的，不仅要考虑工作站上的拆解任务总作业时间，还要考虑"等待"时间，二者之和满足不超过节拍时间约束。

6.2.2　双边顺序相依拆解线平衡问题的复杂性

如 6.2.1 所述，双边拆解线具有一些特有约束，增加了拆解线平衡的复杂性。单边拆解线平衡问题属于 NP-Complete[8]，其可视为双边拆解线的一种特例，而双边拆解线可视为单边拆解线的一般化。因此，双边拆解线平衡问题也属于 NP-Complete 组合优化问题，且双边拆解线平衡问题比单边拆解线平衡问题更加复杂，主要原因在于以下几个方面。

① 双边拆解线任务分配方案更多。

首先，在双边拆解线中存在 3 种操作类型的任务，即只能分配到左侧工位的 L 类任务、只能分配到右侧工位的 R 类任务，以及两侧工位均可分配的 E 类任务。E 类任务的存在，使任务分配具有更大的灵活性。在双边拆解线平衡问题中，E 类任务越多可行拆解任务分配方案也越多，这将导致寻找问题的（近似）最优解变得困难。

其次，单边 DLBP 在满足任务间拆解先后关系约束条件下，同一工位的任务顺序可任意调整，不会影响工位的总拆解时间，这些序列可以看成是等价的拆解任务分配方案。而在双边拆解线平衡问题中，由于拆解线左、右两侧工位上的任务受拆解先后关系约束影响，而平衡受工位上拆解任务分配顺序影响很大，即"序列相关"的平衡，即使同一工位上拆解任务相同，但分配顺序不同，也为不同的平衡方案，需逐个搜索。

② 在双边顺序相依拆解线平衡问题中，约束条件的增多增加了对约束判断的过程，使平衡变得更加复杂。

单边拆解线任务分配相对简单，只需在满足任务间拆解先后关系约束前提下，将无前驱任务或前驱任务已拆解的任务依次分配至工作站。若当前工作站的总作业时间超过节拍时间，则需开启下一个工作站，直至所有任务分配完毕。而在双边拆解线中，拆解任务分配不仅要满足先后关系约束，还要满足"操作方位"约束。此外，由于任务间存在拆解先后关系约束，所以拆解过程中拆解线左、右两侧工位会产生"等待"情形，而"等待"时间的产生及"等待"时间的长短均与任务拆解顺序紧密相关。存在"顺序相依"关系的任务也会因拆解顺序不同，导致拆解时间的"增量"有所不同。

③ 双边拆解线左右两侧工位可同时开启，也可根据实际需求只开启一侧工位，具有很强的灵活性，然而平衡却更加复杂。

以双边布局模式组织产品拆解，可通过有效分配拆解任务，减少开启工位的数量，即拆解线上一些工作站只需开启一侧工位。拆解线上开启工位数量越少，所需工人和机器设备等也将越少，有助于企业降低拆解成本。双边拆解线这种可以开启两侧或部分工位的特性，使拆解任务的分配更加灵活，但也会产生更多的拆解任务平衡方案，导致问题寻优难度增大。

6.3 双边顺序相依拆解线平衡问题描述及数学模型

6.3.1 问题描述

双边顺序相依拆解线平衡问题（Two-sided Sequence Dependent Disassembly Line Balancing Problem，TSDDLBP）是指在满足拆解任务先后关系约束和操作方位约束条件下，考虑无先后关系约束任务间的相互干扰，在各个工位的实际作业时间与等待时间之和不超过节拍时间的前提下，将任务分配至拆解线上的左、右两侧工位，以满足最短拆解线长度、最小化工位开启数量、均衡各工位任务负荷等其他相关目标。

在 TSDDLBP 中，采用任务关系图表示任务之间的相互关系，以图 6-2 包含 9 个任务的产品拆解为例，圆圈内数字代表任务编号，括号内数字和字母分别表示任务标准拆解时间和拆解操作方位，实线箭头表示任务先后关系，虚线箭头表示任务间存在顺序相依关系，虚线箭头上的数字为干扰时间。例如，任务 3、任务 7 之间存在拆解先后关系约束，即任务 7 必须等待任务 3 结束后方可拆解；任务 3 与任务 5 之间存在顺序相依关系，如果任务 3 先于任务 5 拆解，则任务 5 将阻碍任务 3 以最便捷的方式拆解，使任务 3 的拆解时间增加 2 s，反之若任务 5 先于任务 3 拆解，任务 3 也将阻碍任务 5 的拆解使其作业时间增加 1 s；任务 2（4，R）表示任务 2 的标准拆解时间为 4 s 且仅能分配到拆解线的右侧工位。

6.3.2 符号设定

针对双边顺序相依拆解线平衡问题存在拆解先后关系约束、顺序相依约束和操作方位约束, 相关符号设定如下。

I: 拆解任务(零件)集合, $I=\{1,2,\cdots,n\}$, $i,k \in I$。

J: 工作站集合, $J=\{1,2,\cdots,m\}$, $j \in J$。

L: 工位边集合, $L=\{1,2\}$, 1 表示左边工位, 2 表示右边工位, $l \in L$。

t_i: 任务 i 的拆解时间。

sd_{ki}: 若任务 i 在任务 k 之前拆解, 任务 k 将干扰任务 i, 导致的任务 i 的拆解时间增加量。

t_i': 任务 i 的总拆解时间 $t_i' = t_i + \sum_{k=1}^{n} sd_{ki}$, 即标准时间与受干扰时间之和。

t_{si}: 任务 i 拆解开始时间。

t_{ei}: 任务 i 拆解结束时间。

t_{di}: 任务 i 拆解等待时间。

d_i: 零件 i 的需求量。

h_i: 任务 i 是否具有危害性, 若有, 则 $h_i=1$, 否则 $h_i=0$。

PS_{lk}: 在 l 边的拆解序列 k 位置上的任务编号; 例如, 右边拆解序列 $\{1,5,2,3,6,8,7,4\}$, 在位置 4 上的任务编号为 $PS_{24}=3$。

CT: 拆解线的节拍时间。

ST_{jl}: 工作站 j 的 l 边工位总作业时间。

IT_{jl}: 工作站 j 的 l 边工位空闲时间。

$Pre(i)$: 任务 i 的前驱任务集合。

S_E: 双边任务操作集合, 其所含任务可分配至拆解线任意一边工位。

S_L: 左边任务操作集合, 其所含任务只能分配至拆解线左边工位。

S_R: 右边任务操作集合, 其所含任务只能分配至拆解线右边工位。

6.3.3 数学模型

TSDDLBP 需要考虑任务间拆解先后关系, 确定拆解任务所分配的工作站左、右工位, 以及每个拆解任务的开始和结束时间, 此外还要考虑"顺序相依"关系产生的时间增量。本章从拆解线长度、拆解固定成本、拆解效率及拆解过程对环境的危害程度等角度出发，建立了最小化工作站开启数量、最小化工位开启数量、最小化总拆解时间、均衡任务在工位上的分配、最小化危害指数和最小化需求指数的多目标 TSDDLBP 数学优化模型。

引入 0-1 变量 z_j 表示工作站 j 是否开启，令

$$z_j = \begin{cases} 1 & \text{工作站 } j \text{ 开启} \\ 0 & \text{Otherwise} \end{cases} 。 \tag{6-1}$$

引入 0-1 变量 s_{jl} 表示工作站 j 的 l 边是否开启，令

$$s_{jl} = \begin{cases} 1 & \text{工作站 } j \text{ 的 } l \text{ 边开启} \\ 0 & \text{Otherwise} \end{cases} 。 \tag{6-2}$$

引入 0-1 变量 x_{ijl} 表示拆解任务 i 是否在工作站 j 的 l 边工位拆解，令

$$x_{ijl} = \begin{cases} 1 & \text{任务 } i \text{ 被分配到工作站 } j \text{ 的 } l \text{ 边工位} \\ 0 & \text{Otherwise} \end{cases} 。 \tag{6-3}$$

根据以上定义，建立 TSDDLBP 数学模型如下：

$$\min f_1 = \sum_{j \in J} z_j ; \tag{6-4}$$

$$\min f_2 = \sum_{j \in J} \sum_{l \in L} s_{jl} ; \tag{6-5}$$

$$\min f_3 = \sum_{i \in I} t_i' ; \tag{6-6}$$

$$\min f_4 = \sum_{j \in J} \sum_{l \in L} s_{jl} \times (CT - ST_{jl})^2 ; \tag{6-7}$$

$$\min f_5 = \sum_{l \in L} \sum_{k \in I} k \times h_{PS_{lk}} ; \tag{6-8}$$

$$\min f_6 = \sum_{l \in L} \sum_{k \in I} k \times d_{PS_{lk}} ; \tag{6-9}$$

s. t.

$$\sum_{j \in J} \sum_{l \in L} x_{ijl} = 1, \forall i \in I 。 \tag{6-10}$$

若 $x_{ipk}=1$，则 $x_{hgv}=0$，$\forall i \in I, h \in Pre(i)$，$\forall k,v \in L$，$\forall g,p=1,2,\cdots,m$，且 $g>p$。

$$\text{(6-11)}$$

若 $g=p$，则 $x_{ipk}t_{si}-x_{hgv}t_{eh} \geq 0$，$\forall i \in I, h \in Pre(i)$，$\forall k,v \in L$，$\forall g,p=1,2,\cdots,m$。

$$\text{(6-12)}$$

$$\sum_{i \in I} x_{ijl} \times (t_i' + t_{di}) \leq CT, \forall j \in J, \forall l \in L。 \qquad \text{(6-13)}$$

$$x_{ij1}=1, x_{ij2}=0, \forall i \in S\_L, j \in J。 \qquad \text{(6-14)}$$

$$x_{ij1}=0, x_{ij2}=1, \forall i \in S\_R, j \in J。 \qquad \text{(6-15)}$$

$$x_{ijl}=0 \text{ or } 1, \forall i \in S\_E, j \in J, l=1,2。 \qquad \text{(6-16)}$$

目标函数：f_1 表示最小化工作站开启数量以实现最短拆解线长度；f_2 表示最小化工位开启数量以实现最小化固定成本；f_3 表示最小化总拆解时间以降低工人、机器设备作业负荷及相关资源消耗；f_4 表示均衡任务在已开启工位上的分配以实现最大化拆解效率；f_5 表示最小化危害指数以尽早拆解有危害零件；f_6 表示尽早拆解高需求零件以满足市场需求。

约束条件：式（6-10）表示每个拆解任务仅能分配到一个工作站的某一边的工位上进行拆解；式（6-11）和式（6-12）保证拆解任务满足先后关系约束，其中式（6-11）表示两个任务未分配到同一工作站的情况，式（6-12）表示两个任务分配到同一工作站的情况；式（6-13）表示节拍时间约束，即每个工位的任务总作业时间和等待时间之和不能超过 CT；式（6-14）、式（6-15）、式（6-16）分别保证任务满足拆解操作方位约束。

6.4 遗传算法

6.4.1 遗传算法工作原理

遗传算法（Genetic Algorithm，GA）是借鉴自然界遗传机制和生物进化论演化而来的一种自适应并行随机搜索算法，由 Holland 等于 1975 年在对生物系统所进行的计算机模拟研究中首次提出，其主要思想是模仿"优胜劣汰，适者生存"的生物进化原理，通过选择、遗传、变异等遗传机制，提高种群中个体适应能力，从而得到问题最优解，工作流程如图 6-4 所示。

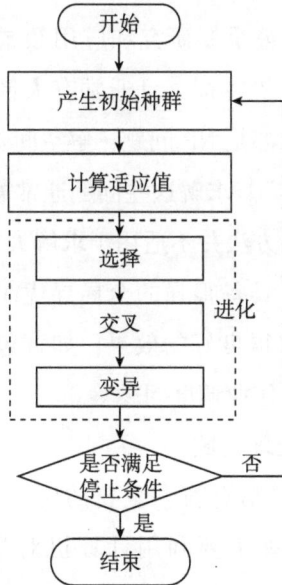

```
                    ┌──────────┐
                    │   开始    │
                    └──────────┘
                         │
                         ↓
              ┌──────────────────┐ ←───┐
              │   产生初始种群     │      │
              └──────────────────┘      │
                         │              │
                         ↓              │
              ┌──────────────────┐      │
              │    计算适应值      │      │
              └──────────────────┘      │
          ┌ ─ ─ ─ ─ ─ ─ ─ ─ ─ ─ ─┐     │
          │   ┌──────────────┐    │     │
          │   │     选择      │    │     │
          │   └──────────────┘    │     │
          │         ↓            进化    │
          │   ┌──────────────┐    │     │
          │   │     交叉      │    │     │
          │   └──────────────┘    │     │
          │         ↓             │     │
          │   ┌──────────────┐    │     │
          │   │     变异      │    │     │
          │   └──────────────┘    │     │
          └ ─ ─ ─ ─ ─ ─ ─ ─ ─ ─ ─┘     │
                         ↓              │
                    ╱──────────╲   否    │
                   ╱  是否满足   ╲───────┘
                   ╲  停止条件   ╱
                    ╲──────────╱
                         │ 是
                         ↓
                    ┌──────────┐
                    │   结束    │
                    └──────────┘
```

图 6-4　遗传算法工作流程

遗传算法用染色体（chromosome）表示问题的一个可行解，通常为采用二进制或浮点数编码表示的串结构，编码中的每个元素称为基因（gene），由经过基因编码的一定数目的染色体构成种群（population），种群表示问题的一个解集。在寻优过程中，首先根据设定的适应值函数对种群中的染色体进行评价，在选择评价过程中，适应值好的染色体即竞争力强的个体有更多的机会被选中进化。然后，经过交叉、变异遗传过程产生更适应环境的新一代种群。在新一代种群基础上，再进行迭代，不断繁殖进化以产生更优种群，重复该过程直至出现最适合环境的染色体，即为问题最优解。

6.4.2　遗传算法应用现状

自 GA 提出以来，由于其原理简单、易于实现，且在搜索过程中能够自适应地调整搜索方向，以及具有良好的并行性和较强的全局寻优能力，被广泛应用于很多领域。

（1）组合优化领域

组合优化是 GA 的一个最重要研究和应用领域。组合优化往往具有不可微、不连续、非线性、多维等特征，且通常有大量的局部极值。这些问题虽然描述非常简单，但大部分都是 NP 问题，解空间随着问题规模的增大呈指数增长，即所谓的"组合爆炸"。求解这些问题通常需要极大的存储空间和极长的运行时间，因此传统精确方法并不适用于求解大规模组合优化问题，GA 作为一种生物进化模拟算法，具备很强的全局寻优能力，已在诸多典型的组合优化问题中得到应用，并取得良好的效果，如背包问题、生产线任务分配问题、图着色问题、流水车间作业调度问题等。

（2）模式识别和图像处理领域

模式识别和图像处理是信息科学重要的研究方向，是机器人高层感知技术的基本问题。图像处理主要利用计算机对数字图像进行去噪声、增强、复原、分割、特征提取和识别等一系列操作，从而获得某种预期结果。遗传算法作为一种元启发式算法可以对数字图像进行计算处理，以获取视觉、接口输入的硬件所需的数字图像。目前，GA 已应用到图像校准、图像分割、图像增强和复原、图像分类、区域描述、图像压缩和图像变换等方面。

（3）机器学习领域

机器学习是通过模拟或实现人类的学习行为，以获取新的知识或技能，并能重新组织使之不断改善自身性能，以提高计算机的智能性，使计算机能像人类一样进行决策。GA 作为一种生物进化算法与机器学习有密切联系，其能够解决机器学习中知识获取和知识优化精炼问题。分类器系统便是基于 GA 的机器学习系统。

6.5 双种群协作遗传算法

遗传算法是一种随机全局搜索算法，具有很强的寻优能力和广泛的适应性。但 GA 在寻优过程中也存在一些问题，如过早收敛、求解时间较长等。为了解决这些问题，本章提出了一种双种群协作遗传算法（Collaborative Genetic Algorithm，CGA）。CGA 通过两个种群协作进化，提高搜索效率，算法流程如图 6-5 所示。

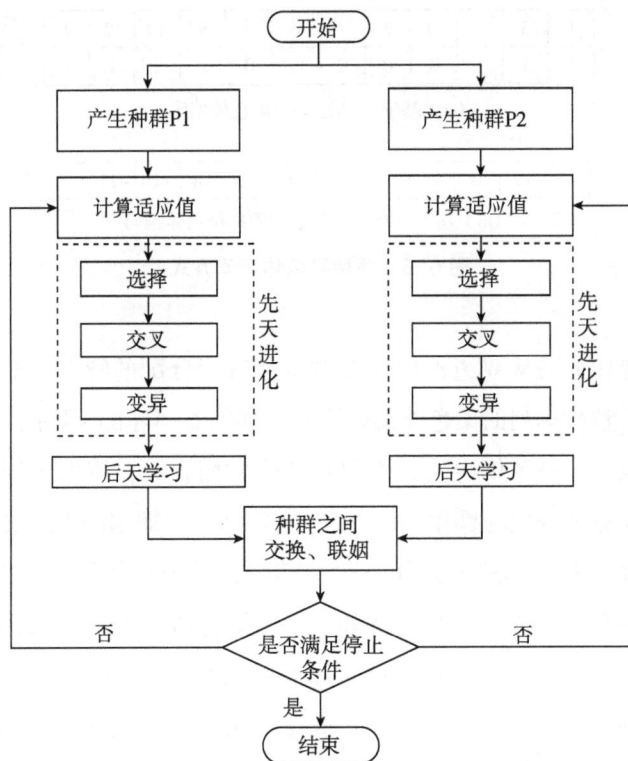

图 6-5 CGA 算法流程

6.5.1　编码与解码

（1）编码

TSDDLBP 任务间存在拆解先后关系约束和操作方位约束，因此在编码过程中需要将二者进行有效表示。针对双边装配线平衡问题，Lei 等[224]（2016）采用 $2 \times N$ 矩阵表示染色体编码，即矩阵的第一行代表任务元素，第二行代表任务分配工位（左、右工位），如图 6-6（a）所示，采用这种方式进行编码，优点是表示方便、易于理解，但所需存储空间较大，降低了计算速度。

1	5	4	11	2	7	6	9	8	10	12	3
1	1	1	0	0	0	1	0	1	0	1	1

（a）基于 $2 \times N$ 矩阵的染色体编码

−1	+2	−4	−5	+11	+7	−6	+9	−8	+10	−12	−3

（b）基于一维正负整数排列的染色体编码

图 6-6　两种染色体编码方式

考虑作业任务需从双边拆解线左右两侧进行分配的特点，本章提出一种基于一维正负整数排列的染色体编码方式，如图 6-6（b）所示。染色体的长度即问题的规模，染色体中的元素包括两个方面含义：该次序所要拆解的任务编号和该任务被分配的操作方位（左、右工位），即编码中的数字表示拆解任务编号，符号表示拆解的操作方位，其中正号表示任务分配至右侧工位，负号表示任务分配至左侧工位。例如，一个染色体$\{-1,+2,-4,-5,+11,+7, -6,+9,-8,+10,-12,-3\}$，元素 +2 表示该拆解任务的编号为 2，操作方位为右侧工位（通常将 +2 用 2 表示）；元素 −3 表示该拆解任务的编号为 3，操作方位为左侧工位。整数从左向右的排列顺序代表任务分配的先后顺序。采用该方式进行编码，不仅可以清楚表示 TSDDLBP 的先后关系约束和操作方位约束，同时还可以节省存储空间，便于计算机编码和计算，提高运算速度。

图 6-6（b）中的染色体序列{-1,+2,-4,-5,+11,+7,-6,+9,-8,+10,-12, -3}表示拆解过程中首先将任务 1 分配到左边工位，然后将任务 2 分配到右边工位，按照排列顺序依次分配，最后将任务 3 分配到左边工位，其满足拆解先后关系约束和操作方位约束，可有效表示一个产品的拆解序列。

（2）解码

由于双边拆解线左、右两边工位上分配的任务受拆解先后关系约束影响，会产生"等待"时间。同时，存在顺序相依关系的任务在拆解过程中相互干扰，会导致任务拆解时间增加。因此，在解码过程中，需要考虑包含序列相关"等待"时间和顺序相依"增加"时间在内的任务完成时间约束，解码步骤如下。

第 1 步：开启工作站 w，$w=1$，并从染色体的第 1 个位置开始分配 $i=1$。

第 2 步：判断第 i 个位置上的任务 T_i 的操作方位。若为正整数，则分配到右边工位，若为负整数，则分配到左边工位。

第 3 步：计算任务 T_i 的实际操作时间。考虑顺序相依关系任务间的相互干扰造成的拆解时间增加量，任务实际拆解时间为标准拆解时间与受干扰时间之和，$t'_{T_i} = t_{T_i} + \sum_{T_j=1}^{n} sd_{T_j-T_i}$。

第 4 步：确定任务开始作业时间 t_start。计算任务所分配工位的结束时间 T_s 和其前驱任务的结束时间 T_p。若其前驱任务不在当前分配工位，且 T_p 大于 T_s，则 $t\_start=T_p$；否则 $t\_start=T_s$。

第 5 步：判断任务结束时间 t_end。若 $t\_end=t\_start+t_{T_i}'$ 超过节拍时间 CT，则开启新的工作站 $w=w+1$，$t\_start=0$，并将该任务分配到新工作站所对应工位中；否则将该任务分配到当前操作工位。

第 6 步：继续下一编码位置任务的分配，$i=i+1$。若 $i<N$，则转至第 2 步。

第 7 步：解码结束。

整数排列{-1,2,-4,7,9,-3,-6,-8,10,-5,11,12}为图 6-7 产品的一个可行拆解序列，在节拍时间 $CT=22$ s 情况下对其进行解码。首先开启第一个

工作站 $w=1$，然后从编码的第一个位置开始分配任务，即先分配任务-1，由于其为负数，所以需将其分配到工作站的左边工位，因任务 1 无前驱任务，且为该工位第一个任务，所以其开始时间为 0，结束时间为 3 s；接着分配任务 2，其为正整数，所以将其分配到右边工位。在拆解任务 2 之前需等待其前驱任务 1 拆解完毕，等待时间为 3 s，因此任务 2 的开始拆解时间为 3 s，拆解结束时间为 3 s+8 s=11 s<CT；接着分配任务-4，到左边工位，因任务 4 的前驱任务 1 也分配在左边工位，所以任务 4 直接在任务 1 结束后开始，即开始时间为 3 s，但任务 4/3 和任务 4/5 之间存在相互干扰，因任务 4 先于任务 3、任务 5 拆解，任务 3、任务 5 将对其产生干扰，使其拆解时间分别增加 3 s 和 2 s，总拆解时间为 5 s+2 s+3 s=10 s，其拆解结束时间为 3 s+10 s=13 s<CT，所以可分配任务 4 到左边工位；继续分配任务 7 到右边工位，由于其前驱任务 4 的结束时间为 13 s，而当前工位的结束时间为 11 s，所以任务 7 需等待 2 s 后方能分配，其拆解结束时间为 13 s+7 s=20 s<CT，所以可分配到该工位；然后继续分配任务 9 到右边工位，其前驱任务 7 已在右边工位拆解完毕，所以可直接分配至右边工位，但因其结束时间为 20 s+10 s=30 s>CT，所以需重新开启新的工作站 $w=2$，然后将任务 9 分配到工作站 2 的右边工位。根据以上解码规则按整数排列顺序依次分配任务至结束，解码结果如图 6-8 所示。

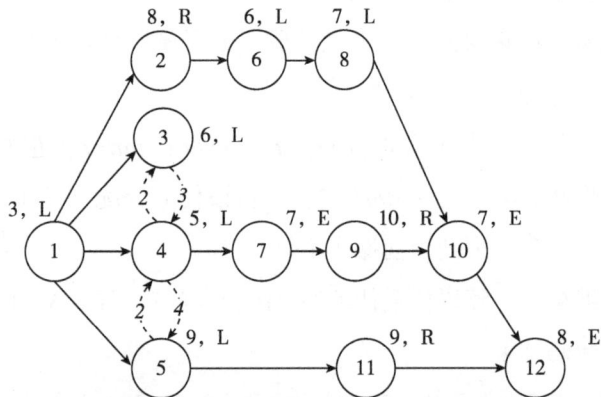

图 6-7 由 12 个零件构成的产品任务关系

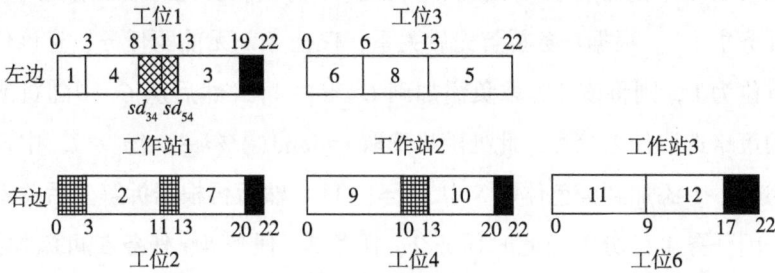

图 6-8　解码结果

6.5.2　生成初始种群

自然界中每个种群是由多个个体组成 $P = \{x_1, x_2, \cdots, x_{SN}\}$，在种群进化过程中每个个体通过染色体中的基因将遗传信息传递给下一代。算法中的染色体通常用字符串表示，字符串中的元素代表基因。本章所提 CGA 是基于双种群协作进化思想，因此需初始化两个含有 SN 个体的种群 P_1、P_2。在种群初始化过程中，任务的分配需满足拆解先后关系约束和操作方位约束，种群个体生成过程如下。

第 1 步：生成可选任务集 C^*。根据任务拆解先后关系，首先判断该任务的先后关系约束，如果任务 i 未分配，且无前驱任务或其前驱任务已分配，则该任务为可选任务。然后判断该任务的"操作方位"约束，若其操作方位为左侧 L，则将任务编号取负，即将 $-i$ 添加到 C^*；若其操作方位为右侧 R，则将任务编号取正，即将 $+i$ 添加到 C^*；若操作方位为 E，表示分配左右两侧均可，此时随机产生一个 0、1 整数，若生成 0 则分配到右侧，若为 1 则分配到左侧。

第 2 步：根据生成策略选择任务分配。从 C^* 中根据一定的生成策略选择任务分配至当前工作站，若选取的是正整数，表示任务 i 分配到右侧，若是负整数，表示分配到左侧。

第 3 步：重复第 1~第 2 步，直至任务分配完毕。

以图 6-7 中的含有 12 个任务的产品拆解为例。首先开启工作站 1，生成可选任务集 C^*。根据任务拆解先后关系，仅任务 1 无前驱任务，且该任务的操作方位为 L，则将该任务取负添加到 $C^* = \{-1\}$；然后从 C^* 中随机或按照一定的策略选取任务分配，此处随机选取 $r = \text{rand}()\%n+1$（n 为 C^* 中任务总数），选取 -1 添加到染色体串 S 中，$S = \{-1\}$。然后再根据拆解先后关系选择任务，因任务 1 已分配，此时任务 2、任务 3、任务 4、任务 5 可添加到 C^* 中，任务 2 操作方位为 R，任务 3、任务 4、任务 5 的操作方位为 L，所以可选任务集 $C^* = \{+2, -3, -4, -5\}$，然后随机选取 $r = \text{rand}()\%n+1$，若生成的 $r = 3$，则选取第 3 个任务 -4 添加到染色体串 S 中，$S = \{-1, -4\}$，以此类推直至所有任务分配完毕，一个染色体即一个个体生成完毕。

在初始解的生成过程中，一些启发式算法常用于构建初始解，以提高生成解的质量，其中包括：

① 最大任务处理时间（Longest Processing Time，LPT），拆解处理时间长的任务优先拆解。

② 最大总后继任务数（Maximum Total Number of Successor Tasks，MTNST），后继任务数量多的任务优先拆解。

③ 最大平均位置权重（Maximum Average Ranked Positional Weight，MARPW），考虑任务自身的拆解时间及其所有后继任务拆解时间的平均值，平均值大的任务优先拆解。

④ 最大总后继任务处理时间（Maximum Total Processing Time of Successor Tasks，MTPTST），后继任务的总拆解时间长的任务优先拆解。

⑤ 随机任务选择（Random Selection，RS），在选择任务时随机分配。左（右）变异操作即在解序列上随机产生一点 i，i 的右（左）边序列保持不变，而左（右）边序列则重新随机产生。

本章提出的 CGA 在初始化两个种群时，采用不同的生成策略。种群 P_1 采用最大任务处理时间（LPT）和右变异操作相结合的生成策略，即采用 LPT 产生一个比较有前途的个体 x，其余 $SN-1$ 个个体在 x 的基础上，通过右变异操作生成；种群 P_2 采用最大总后继任务数（MTNST）和左变异操作相结合的生成策略，即采用 MTNST 产生一个比较有前途的个体 x，其余 $SN-1$ 个个体在 x 的基础上通过左变异操作生成。这两种生成策略既保证了种群的个体质量又保证了种群的多样性。

6.5.3 评价函数与选择方法

遗传算法在问题寻优过程中不依靠外界信息，而是以适应值评价函数为依据，对种群中的个体进行评价，并利用种群中的个体适应值进行判断，引导个体向最优方向进化。用遗传算法求解 TSDDLBP，每个染色体对应一个可行的拆解序列，拆解序列的优劣往往通过目标函数进行衡量。在计算染色体的适应值之前，要对染色体进行解码，以获得染色体对应的目标函数值，包括拆解线的长度即工作站数量、左右工位的开启数量、任务总拆解时间、工位上任务的具体分配状况即平滑指数等。TSDDLBP 是一个多目标问题，采用单一的适应值评价函数，如工作站数量、工位数量或平滑指数来评价染色体的优劣都具有一定的片面性。

为了更准确地评价染色体质量，并且在整个寻优过程中能够有效选择个体进化，我们依据目标函数重要性提出一种分阶段选择评价法，以动态选择适应值评价函数，对染色体质量进行有效评价。具体过程为：在进化初期，将第一目标函数 f_1 作为染色体评价的适应值函数，并在进化过程中不断判断种群中各染色体的 f_1 值是否趋于一致，若一致，表明目标函数 f_1 已经不能有效评价染色体质量，此时应选择第二目标函数 f_2 作为下一阶段进化的适应值评价函数，以此类推。按照该策略，在整个种群进化过程中均可对染色体进行准确评价。种群中个体质量存在一定差异，在进化过程中应提高优质个体被选择进化的概率。对于种群 P_1，采用轮盘赌的方式选择个体进化；对于种群 P_2，采用锦标赛法选择个体进化。

6.5.4 交叉算子

在自然界中，父代的特征是通过染色体交叉传递给子代的。同样，在遗传算法中，交叉算子继承了父代染色体的优良基因片段，同时又有新基因片段的重组，从而实现了个体改进。

本章提出的基于一维正负整数排列的染色体编码方式，所构建的染色体既包含任务的拆解顺序信息（即满足任务先后关系约束），又包含任务方位分配信息（即满足任务操作方位约束），针对该编码特点，本章采用以下两种交叉算子。

（1）单点交叉

在染色体串中随机产生一个交叉点 i，交叉点之前的基因片段保持不变，交叉点之后的基因片段根据另一父代染色体的基因排列重新组合。单点交叉能够更大程度继承父代的优秀基因片段，如图 6-9 所示。

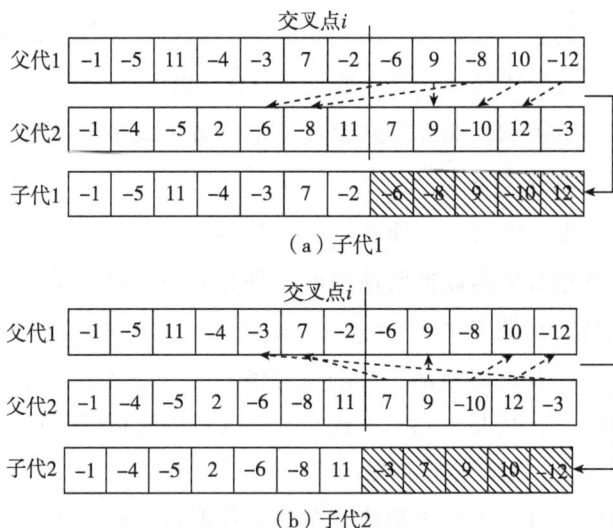

图 6-9　单点交叉算子

（2）两点交叉

在染色体串中随机产生两个交叉点 i、j，两个交叉点之间的基因片段保持不变，交叉点 i 之前和交叉点 j 之后的基因片段根据另一父代染色体的基因排列重新组合。两点交叉能够更大程度实现基因片段的重新组合，如图 6-10 所示。

（a）子代1

（b）子代2

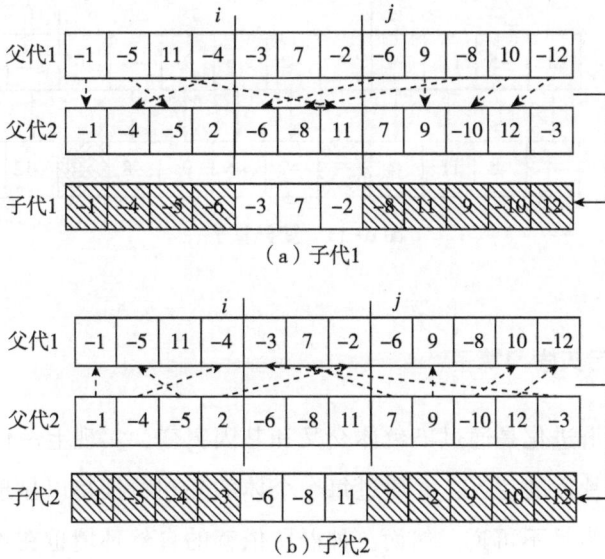

图 6-10　两点交叉算子

6.5.5　变异算子

自然界中种群进化通常伴随基因的突变。突变是指在一定条件下基因突然改变为一种新的形式，通常发生在一个基因位上，由一个新基因代替原有基因，于是在后代的表现中也就突然出现了父代从未有的新特征。在自然界中基因突变可以增加种群多样性，而在遗传算法中，基因突变能够有效避免寻优过程陷入局部最优。本章针对 TSDDLBP 存在某些拆解任务左、右工位皆可分配（即操作方位属于 E）的特点，设计了一种变异算子，如图 6-11 所示，具体实现如下。

第 1 步：随机产生两个变异点 i, j。

第 2 步：查看 i, j 之间的基因片段中哪些元素的操作方位属于 E。

第 3 步：对于基因片段中元素操作方位属于 E 的任务实施基因突变。若该任务先前分配到左（右）侧工位，则将其突变为右（左）侧工位。

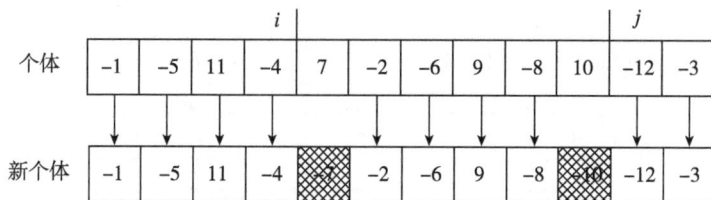

图 6-11　变异算子

6.5.6　后天学习算子

自然界种群进化是通过染色体交叉和基因突变，实现上一代优秀基因的继承和新基因片段的注入，并通过每个个体的外在特征得以显现，这种进化是一种先天行为且不可逆。然而，种群所依赖的自然环境也在不断变化，种群中每个个体都需要对自身做出调整，以适应环境的改变。生物种群这种根据不断变化的环境进行"学习"的能力，我们称为"后天学习"。种群个体通过"后天学习"可以在一定程度上弥补先天进化的不足，进一步提高自身适应环境的能力，并且这些通过"后天学习"所获得的能力能够在染色体的基因片段中得到继承。基于该原理，本章所提的 CGA 将"后天学习"引入种群进化，每个个体根据外界环境自行调整染色体的基因顺序，以提高自身的适应值，加快种群的进化速度。

针对本章提出的一维正负整数排列编码方式所构建的染色体特点，我们采用基于"插入"的"后天学习"算子，即随机选择两个位置 i、j，在满足拆解先后关系约束的前提下，将位置 j 任务插入位置 i，从而实现染色体中基因位置的调整，如图 6-12 所示。

种群通过后天的自身学习，能够根据外界信息，有针对性地进行染色体中基因顺序的调整，从而引导种群向有利于该种群生存和发展的方向进化，即向最优解靠拢。

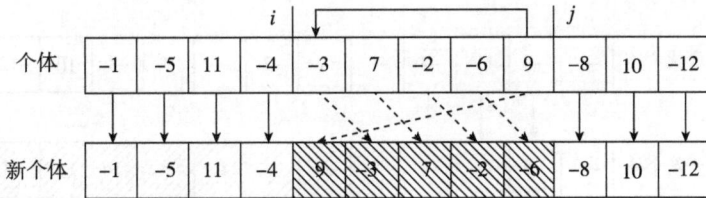

图 6-12　基于"插入"的后天学习算子

6.5.7　种群个体调整

CGA 中的两个种群按照各自方式独立完成进化，在每次种群进化完成后，采用引种、联姻和重点培育 3 种方式进行两个种群间的相互交流，以对种群中个体进行调整，达到引进新的优良个体、提高种群质量的目的。

（1）引种

将每个种群中部分质量差的个体淘汰，引入另一种群中部分优秀的个体到该种群中。

（2）联姻

将每个种群中部分质量差的个体与另一种群中的最优个体进行交叉，将产生的新个体注入种群中。

（3）重点培育

每个种群中的最优个体代表了这个种群的进化方向，为了提高进化速度，对该最优个体进行重点培育，以达到产生更优个体的目的。如图 6-13 所示，在最优染色体上产生一点 i，i 之前的基因片段保持不变，之后的基因片段根据产品拆解先后关系重新构建。

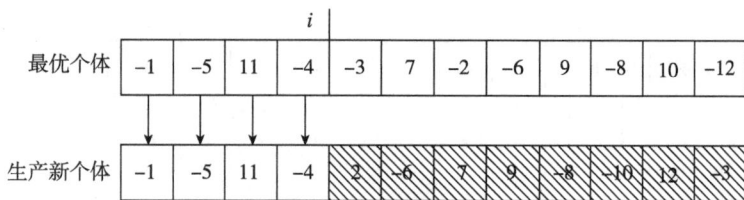

图 6-13　重点培育

6.6　算例验证

为了验证本章所提 CGA 的有效性，分别通过 10 个零件的 P10 算例（具体信息请参见图 4-13 和表 4-3）、25 个零件的 P25 算例（具体信息请参见图 4-15 和表 4-6）和 47 个零件的 P47 算例（具体信息请参见表 5-2）进行测试。因目前所发表文献中尚没有对 TSDDLBP 的案例研究，本章将上述 3 个案例根据双边拆解线左右两边工位可同时并行作业的特点进行修改，给每个任务添加拆解操作方位，如表 6-1 所示。分别采用 CGA、ACO[148]、IVNS[224] 及 ABC[10] 4 种元启发式算法求解以上 3 个算例，其中 IVNS、ABC 和 ACO 已分别用于求解第二类双边装配线平衡问题、直线型顺序相依拆解线平衡问题和一般拆解线平衡问题。所有算法均用 Microsoft Visual C++编码，在 Core I5-4288U、4G 内存电脑上运行。4 种算法分别在 5 s、50 s、500 s 内对 P10、P25、P47 算例进行求解，每个算例运行 30 次，求得问题最优解、均值和标准差（表 6-2、表 6-3）。

表 6-1　3 个算例任务操作方位约束

算例	任务操作方位约束
P10	1 L,2 R,3 R,4 L,5 L,6 L,7 E,8 R,9 L,10 R
P25	1 R,2 E,3 R,4 L,5 L,6 R,7 R,8 R,9 R,10 E,11 L,12 E,13 L,14 L,15 L,16 E,17 R,18 E,19 E,20 R,21 R,22 L,23 E,24 L,25 L

算例	任务操作方位约束
P47	1 E,2 R,3 L,4 L,5 E,6 R,7 E,8 L,9 R,10 R,11 L,12 L,13 E,14 E ,15 R,16 L,17 R,18 E,19 R,20 L,21 E,22 L,23 R,24 R,25 L,26 E,27 L,28 R,29 E,30 R,31 L,32 R,33 E,34 R,35 R,36 E,37 L,38 R,39 E,40 R,41 L,42 R,43 L,44 R,45 R,46 E, 47 L

表 6-2 ACO、IVNS、ABC 和 CGA 求得 3 种不同规模算例最优解对比

算例	算法	目标函数					
		f_1	f_2	f_3	f_4	f_5	f_6
P10	ACO	4	6	181	767	1	5735
	IVNS	4	6	181	767	1	5735
	ABC	4	6	181	767	1	5735
	CGA	4	6	181	767	1	5735
P25	ACO	7	10	164	54	43	485
	IVNS	7	10	164	54	43	485
	ABC	7	10	164	54	43	485
	CGA	7	10	164	54	43	485
P47	ACO	3	6	878	18 726	302	2559
	IVNS	3	6	878	18 514	304	2540
	ABC	3	6	878	18 488	313	2600
	CGA	3	6	878	18 050	325	2611

对于小规模算例 P10，ACO、IVNS、ABC 和 CGA 4 种元启发式算法在指定时间内均可找到问题最优解：$f_1 = 4$，$f_2 = 6$，$f_3 = 181$，$f_4 = 767$，$f_5 = 1$，$f_6 = 5735$。通过表 6-3，可以看出 4 种算法的标准差均为 0，说明 30 次求解都找到了问题最优解，表现出很高的求解效率。图 6-14 为 P10 算例最优拆解序列在双边拆解线上的任务分配情况，从该图可以看出，拆解过程中共开启 4 个工作站，但并不是所有工位都工作，其中第 1 个工作站的右边工位和第 4 个

工作站的左边工位未开启。在拆解过程中受任务间顺序相依关系影响，左边工位任务 5 的拆解时间增加了 $sd_{65}+sd_{45}=4$ s+4 s=8 s，任务 6 和任务 4 的拆解时间分别增加了 $sd_{96}=1$ s 和 $sd_{14}=1$ s；右边工位任务 3 的拆解时间增加了 $sd_{23}=2$ s。受任务间拆解先后关系影响，产生序列相关"等待"时间，导致拆解右边工位任务 7 时需要等待左边工位上的前驱任务 6 完成拆解，等待时间为 15 s。

表 6-3　ACO、IVNS、ABC 和 CGA 求解 P10 算例结果对比

算法	f_1		f_2		f_3		f_4		f_5		f_6	
	均值	标准差	均值	标准差	均值	标准差	均值	标准差	均值	标准差	均值	标准差
ACO	4	0	6	0	181	0	767	0	1	0	5735	0
IVNS	4	0	6	0	181	0	767	0	1	0	5735	0
ABC	4	0	6	0	181	0	767	0	1	0	5735	0
CGA	4	0	6	0	181	0	767	0	1	0	5735	0

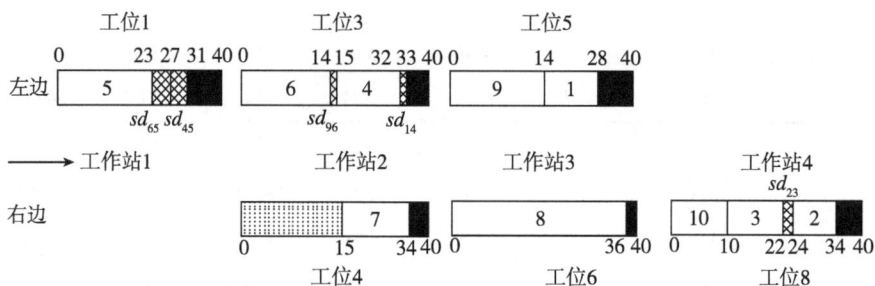

图 6-14　P10 算例最优拆解序列在双边拆解线上的任务分配情况

对于中规模算例 P25，4 种元启发式算法 ACO、IVNS、ABC 和 CGA 在 30 次求解中也都找到了问题当前最优解：$f_1=7$，$f_2=10$，$f_3=164$，$f_4=54$，$f_5=43$，$f_6=485$。在求解稳定性方面，CGA 求解结果的标准差在每个目标函数上都为 0，说明 CGA 在 30 次求解过程中每次都能搜索到问题的最优解，体现出更强的搜索性能，稳定性更好（表 6-4）。图 6-15 为 P25 算例最优拆解序列

在双边拆解线上的任务分配情况，可以看出拆解线上共开启 7 个工作站，其中只有 10 个工位工作。工作站 3 和工作站 4 的左边工位未开启，工作站 6 和工作站 7 的右边工位未开启，在拆解任务 8、任务 17、任务 25 时出现"等待"现象，等待时间分别为 2 s、4 s 和 2 s，并且在拆解过程中由于顺序干扰任务 4、任务 8、任务 6、任务 14、任务 21、任务 25 的拆解时间分别增加了 1 s、1 s、4 s、2 s、1 s 和 1 s。

表 6-4　ACO、IVNS、ABC 和 CGA 求解 P25 算例结果对比

算法	f_1		f_2		f_3		f_4		f_5		f_6	
	均值	标准差	均值	标准差	均值	标准差	均值	标准差	均值	标准差	均值	标准差
ACO	7	0	10	0	164	0	54	0	43.67	3.65	483.33	9.12
IVNS	7	0	10	0	164	0	54	0	43.53	3.43	483.67	8.56
ABC	7	0	10	0	164	0	54	0	43.26	2.63	484.33	6.58
CGA	7	0	10	0	164	0	54	0	43	0	485	0

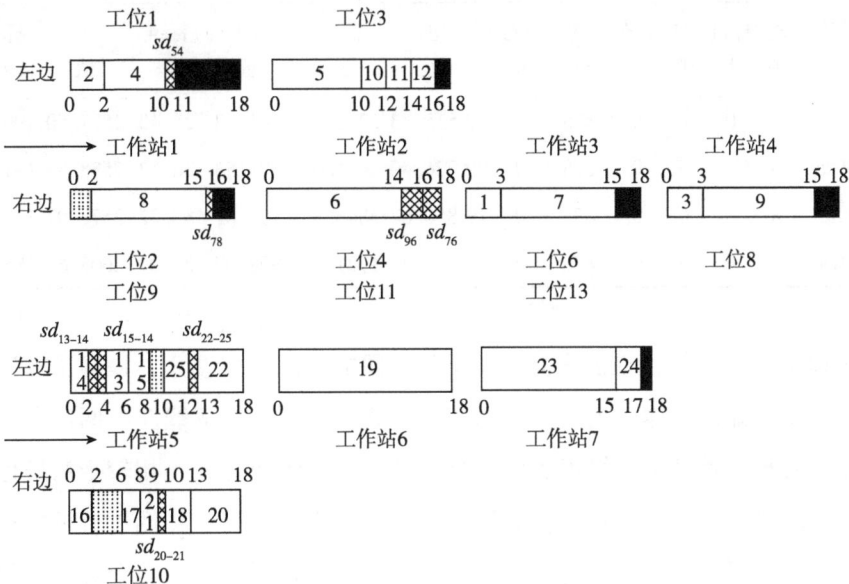

图 6-15　P25 算例最优拆解序列在双边拆解线上的任务分配情况

通过以上对比可以得出，在求解质量和求解稳定性方面，CGA 要好于 ACO、IVNS 和 ABC，特别是在求解稳定性方面优势更为突出，CGA 良好的寻优性能在 P25 算例开始得以体现。

对于大规模算例 P47，CGA 在 500 s 内所能求解到的近似最优解要好于 ACO、IVNS 和 ABC 3 种算法所获取的近似最优解，说明其寻优能力更强。30 次求解结果的均值与标准差如表 6-5 所示，可以看出 4 种算法在 f_1、f_2、f_3 3 个目标函数上一致，但在目标函数 f_4（均衡工作站空闲时间）上，CGA 的均值和标准差均小于其他 3 种算法，说明其搜索到的拆解序列能更好地平衡任务在工位上的分配。此外，CGA 的标准差在各个目标函数上均不大于其他算法，表明 CGA 稳定性更好。通过求解 P47 算例，CGA 在求解质量和求解稳定性方面的优越性得到进一步体现。

表 6-5　ACO、IVNS、ABC 和 CGA 求解 P47 算例结果对比

| 算法 | f_1 | | f_2 | | f_3 | | f_4 | | f_5 | | f_6 | |
	均值	标准差	均值	标准差	均值	标准差	均值	标准差	均值	标准差	均值	标准差
ACO	3	0	6	0	878	0	20 515.33	3752.40	301.73	25.43	2577.50	199.69
IVNS	3	0	6	0	878	0	20 276.40	3431.07	303.53	36.13	2588.53	191.99
ABC	3	0	6	0	878	0	19 850.67	3846.35	302.67	30.32	2572.07	193.02
CGA	3	0	6	0	878	0	19 153.47	1721.57	308.07	23.09	2608.60	185.52

CGA 良好的寻优性能来源于两个种群间的协同进化搜索，提高了算法的整体求解性能。具体体现在：考虑作业任务可从双边拆解线左右两侧分配的特点，提出一种基于一维正负整数排列的染色体编码方式，相较于双染色体编码和二维数组编码方式，该编码方式易于实现且可有效降低可行解的存储空间，提高了运算速度；为了更准确地评价染色体质量，在整个寻优过程中能够有效选择个体进化，依据目标函数重要性提出一种分阶段选择评价法，

以动态选择适应值评价函数，对染色体质量进行评价，从而实现在整个种群进化过程中均可对染色体进行准确评价；鉴于种群所依赖的自然环境在不断变化，种群中每个个体都需要对自身做出调整，以适应环境的改变。生物种群这种根据不断变化的环境进行"学习"的能力，我们称为"后天学习"，基于该原理，将"后天学习"引入种群进化，每个个体根据外界环境自行调整染色体的基因顺序，以提高自身的适应值，从而加快种群的进化速度。此外，两个种群按照各自方式独立进化，在每次种群进化完成后，采用引种、联姻和重点培育 3 种方式进行种群间的相互交流，以对种群中个体进行调整，达到引进新的优良个体、提高下一代种群质量的目的。

6.7　本章小结

传统单边直线型拆解线比较适合小型废旧产品拆解，对于大型产品拆解，如轿车、装载车、起重机等，由于产品所占空间较大，需采用效率更高的双边布局拆解线进行作业。鉴于此，本章以最短拆解线长度、最小化工位开启数量、最小化总拆解时间、均衡任务在工位上的分配、尽早拆解有危害和高需求零件为目标，考虑任务间的顺序相依关系，建立了双边顺序相依拆解线平衡问题多目标优化模型，并提出一种双种群协作遗传算法。

所提算法针对双边拆解线可左右两边分配任务的特点，设计了基于一维正负整数排列的染色体编码方式。引入"后天学习"算子，加强个体自我学习能力，以弥补先天不足，提高适应环境的能力。通过两个独立种群的相互交流，将各自优秀个体注入对方种群中，以提高下一代种群质量，相互协作共同完成物种的进化，从而实现最优解的搜索。为了验证算法的可行性与高效性，采用 ACO、IVNS、ABC 和 CGA 4 种元启发式算法分别对 P10、P25 和 P47 3 种规模算例进行求解，结果表明，本章所提 CGA 能够获得 TSDDLBP 更优解，求解质量更好、求解效率更高、鲁棒性更强，并随着问题规模的增大，优势更为明显，体现了 CGA 的优越性。

第 7 章
结论与展望

7.1 研究结论

随着科技的快速发展和物质产品的丰富，产品被淘汰的速度也在不断加快。大量废弃产品不但造成了资源的极大浪费，也给环境带来严重的威胁。对废旧产品实施回收再制造不仅能够实现有价值零件和原材料的再利用，从而节约资源，还可对废弃产品中有危害的零件进行特殊处理，以减少对环境的危害。因此，废旧产品的回收再制造逐渐受到人们的广泛重视。

回收再制造是一个"废旧产品—回收—再制造—消费"的过程，产品拆解是其中关键环节之一，只有通过拆解才能实现有价值原材料的回收和有用零件的重用，使资源得到最大化利用，同时可最大限度降低有危害零件对环境的污染。然而在废旧产品拆解过程中，零件的拆解分配是有一定的顺序的，而拆解顺序是否合理以及任务分配是否均衡，直接影响工作站开启数量、拆解效率以及拆解过程对环境的危害程度，甚至会影响整个回收再制造系统的效率。因此，对 DLBP 进行研究具有重要的现实意义。

拆解线平衡问题是指寻找一个最佳的产品拆解序列，该序列在满足产品零件设计的"先后关系"约束前提下，将拆解任务按照一定顺序合理分配到拆解线的各个工作站上，以达到最小化工作站开启数量、均衡各个工作站的任务分配，以及优先拆解有危害零件等其他相关目标。目前，国内外学者对拆解线平衡问题的研究大都以任务间仅存在拆解先后关系约束为前提展开。然而，许多产品结构复杂，零件之间关联紧密，在拆解过程中，一些无先后关系约束的零件之间也存在相互干扰，即一个零件在拆解时，会因某个或某些零件尚未拆解，而导致该零件的拆解操作非常"蹩脚"，造成拆解时间的增加。拆解任务间的这种干扰关系被称为"顺序相依"关系。考虑任务间存在"顺序相依"关系的 DLBP 更复杂，但也更符合实际拆解情形，因此具有更大的实际研究价值。

首先，本书对现有文献中的 SDDLBP 数学模型进行研究，发现在已构建的多目标 SDDLBP 优化模型中，均未考虑总拆解任务时间最短这一重要目标。然而，由于任务间相互干扰会造成作业时间增加，若不考虑总拆解时间最短，会出现为了均衡工作站空闲时间，在拆解过程中优先选择受干扰时间长（即选择更"蹩脚"）的任务进行拆解现象，从而导致实际总拆解时间增加，工人和机器设备作业负荷增大。鉴于现有模型的不足，本书在构建 SDDLBP 优化模型时，考虑最短总拆解时间这一目标，从而避免上述现象的发生。

其次，本书根据拆解线布局方式不同，针对第 I 类顺序相依拆解线平衡问题深入研究，主要成果及创新如下。

（1）直线型顺序相依拆解线平衡问题研究

直线型布局拆解线的工作站沿一条直线设置在传送装置的一侧，是最普通也是最简单的一种拆解形式，适合类型单一且结构简单的中小型废旧产品。针对直线型顺序相依拆解线平衡问题，本书从经济、环境和资源角度出发，构建以工作站数量最小、总拆解任务时间最短、均衡工作站空闲时间、尽早拆解有危害和高需求零件为多目标的 SSDDLBP 优化模型，并提出一种有效的改进离散人工蜂群算法。

所提算法设计了基于整数排列的编码方式以对拆解序列进行有效表示。在初始解构造阶段，采用了混合生成模式以提高初始种群的质量和多样性；在雇佣蜂引领阶段，应用了简化变邻域搜索算法以扩大搜索空间的同时提高搜索效率；在观察蜂跟随阶段，构造分阶段选择评价策略以保证观察蜂能够准确选择蜜源进行深度开采；在侦察蜂探测阶段，采用基于全局最优解的学习方法，以提高探测到更优解的概率，加速跳出局部最优。

通过对 SSDDLBP 不同规模算例求解结果对比得出，在解的质量和求解速度方面，IDABC 算法优于现有算法对 SSDDLBP 问题的求解，并随着问题规模的增大优势更为明显。与不考虑总拆解时间这一目标的 SSDDLBP 优化模型的求解结果对比，证明了在拆解过程中考虑总拆解时间最短这一目标可以有效避免受干扰时间长的任务优先拆解，从而降低总干扰时间的增加量，减少工人和设备作业负荷的额外增加以及相关资源能源的消耗。

（2）U 型顺序相依拆解线平衡问题研究

U 型布局拆解线考虑人们普遍右手作业能力强的习惯，将工作站按逆时针方向依次排成"U"形，工作站及相关设备按照工艺流程在 U 型线的一侧布置，入口和出口在同一端。U 型布局可以灵活增减工人数量、调节节拍时间、拆解柔性高，适合种类多、结构复杂、回收数量波动大的废旧产品拆解。已发表文献对 U 型拆解线平衡问题的研究很少，尚无对 U 型顺序相依拆解线平衡问题的研究。鉴于此，本书提出 U 型顺序相依拆解线平衡问题多目标优化模型，并提出一种自适应进化动态邻域搜索算法。

为了有效表示拆解任务可从 U 型线入口和出口两个方向进行分配的特点，所提算法设计了基于正负整数排列的编码方式，该编码方式结构简单、存储空间小、易于实现。为了扩大搜索空间，所提算法引入初始种群并采用锦标赛法以提高优质个体被选择进化的概率；在局部搜索时，设计了邻域结构自适应选择策略，以自适应选择对个体改进效果好的邻域结构进行搜索，提高局部搜索质量；在每次种群进化完，采用精英保留策略和末位淘汰机制对种群个体进行调整，以保证下一代种群的个体质量。

通过不同规模算例进行验证，本书所提 AEDNS 算法能够在更短时间内获得 USDDLBP 的更优解且稳定性更高。与传统直线型拆解线相比，U 型拆解线布局灵活、柔性的特点，使其能够更合理的分配拆解任务以提高工作站利用率，减少对环境的危害和降低需求指数。

（3）双边顺序相依拆解线平衡问题研究

在双边拆解线中，工位沿着传送装置布置在拆解线的左、右两边，从而形成两个独立的工作区域，零件的拆解任务在两边工位上同时进行，互不干扰。双边拆解线常用于大型产品的拆解，如汽车、起重机等。目前尚没有对双边拆解线平衡问题的研究，因此，针对该问题，本书提出双边顺序相依拆解线平衡问题多目标数学优化模型，并提出一种双种群协作遗传算法。

所提算法设置两个独立种群相互协作共同完成最优解的搜索。针对双边拆解线任务在左、右两边分配的特点，本书提出一种基于一维正负整数排列的"序列组合"编码方式，可有效表示任务的"先后关系"约束和"操作方位"约束，并能减少存储空间，加快运算速度。所提算法设计了"后天学习"算子，以加强个体自我学习能力，弥补先天进化的不足，进一步提高自身适应环境的能力。通过"后天学习"所获得的能力能够在染色体的基因片段中得到继承，加快了种群的进化速度。在每代种群进化完毕后，采用引种、联姻等方式进行种群间交流，可提高下一代种群的个体质量。三种不同规模算例的求解结果表明，所提 CGA 算法能够获得 TSDDLBP 的更优解，且求解质量更好、求解效率更高、鲁棒性更强，并随着问题规模的增大，优势更为明显，体现了 CGA 算法的优越性。

7.2 研究展望

本书在算法验证部分均采用的是已发表文献中的案例数据，由于现实数据获取具有较大困难，所以论文中并未采用自己获取的实际数据。对实际案例数据进行分析、算法验证具有更大的实际应用价值，因此获取现实案例数据，并对其展开研究是后续工作的重点。

本书研究的第Ⅰ类拆解线平衡问题是在节拍时间一定前提下，寻求一个合理的拆解线平衡任务分配方案，以最小化工作站开启数量。该类问题主要针对零件拆解需求数量和交付时间要求严格、弹性较小的废旧产品。现实中还存在废旧产品拆解量波动较大，线上时间弹性也较大的一类拆解情形。由于场地和设备的限制，工作站的数目往往保持不变，在工作站数量一定的前提下最小化节拍时间即第Ⅱ类拆解线平衡问题，对第Ⅱ类拆解线平衡问题的研究是未来研究的一个方向。

现有大多数对拆解线平衡问题的研究均假设零件的拆解时间是确定的，本书也是在该假设前提下进行拆解线平衡问题研究。然而由于废旧产品零件老化、损坏以及拆解工人操作熟练程度不同等因素会造成拆解时间不确定，从而影响拆解线平衡，因此对不确定拆解线平衡问题进一步研究是未来研究的另一个方向。

一些废旧产品回收数量受信息技术革新影响波动较大，如手机、电脑等，而且这些产品种类繁多、构造复杂，不同品牌的产品设计存在一定差异，即使相同品牌和类型，不同型号的产品其内部结构也会有所不同。在实际拆解过程中，无法将不同型号的产品单独拆解，而是将结构相似、工艺相近的不同型号产品在同一拆解线上混合拆解，即混流产品拆解。在混流拆解过程中，产品中相似零件的拆解时间可能不同，会出现工作站实际作业时间超出节拍时间的现象。因此，混流拆解线平衡问题更加复杂，是未来研究的又一方向。

由于零件的损坏、升级和生锈等原因，在废旧产品拆解时，会出现某个工作站没有在指定节拍时间内完成拆解作业，导致拆解中断影响拆解进程。如何在最短时间内恢复拆解作业，同时最大程度上保证拆解线的平衡率，该类问题为拆解线平衡的重调度问题，对此类问题的研究具有很强的现实意义，是未来研究的另一重要方向。

废旧产品的拆解分为完全拆解和不完全拆解。完全拆解是将全部零件从废旧产品上分离下来。不完全拆解又称选择性拆解，它是指由于废旧产品零件的需求程度不同，或者若对某些零件深度拆解会造成环境危害等原因，需对废旧产品有选择性的部分拆解。因此，从经济和环境效益角度出发的，不完全拆解情况下的拆解线平衡问题研究也是未来的一个研究方向。

参 考 文 献

[1] ILGIN M A, GUPTA S M, NAKASHIMA K. Coping with disassembly yield uncertainty in remanufacturing using sensor embedded products [J]. Journal of remanufacturing, 2011, 1 (1): 1-14.

[2] ILGIN M A, GUPTA S M. Environmentally conscious manufacturing and product recovery (ECMPRO): a review of the state of the art [J]. Journal of environmental management, 2010, 91 (3): 563-591.

[3] GUPTA S M, TALEB K N. Scheduling disassembly [J]. International journal of production research, 1994, 32 (8): 1857-1866.

[4] GUNGOR A, GUPTA S M. Disassembly sequence planning for complete disassembly in product recovery [C] //Proceedings of the Northeast Decision Sciences Institute Conference. Boston, 1998.

[5] GUNGOR A, GUPTA S M. Disassembly sequence planning for products with defective parts in product recovery [J]. Computers & industrial engineering, 1998, 35 (1): 161-164.

[6] GUPTA S M, GUNGOR A. Product recovery using a disassembly line: challenges and solution [C] //Proceedings of the 2001 IEEE International Symposium. IEEE, 2001: 36-40.

[7] GUNGOR A, GUPTA S M. A solution approach to the disassembly line balancing problem in the presence of task failures [J]. International journal of pro-

duction research, 2001, 39 (7): 1427-1467.

[8] MCGOVERN S M, GUPTA S M. A balancing method and genetic algorithm for disassembly line balancing [J]. European journal of operational research, 2007, 179 (3): 692-708.

[9] KALAYCI C B, GUPTA S M. Ant colony optimization for sequence-dependent disassembly line balancing problem [J]. Journal of manufacturing technology management, 2013, 24 (3): 413-427.

[10] KALAYCI C B, GUPTA S M. Artificial bee colony algorithm for solving sequence-dependent disassembly line balancing problem [J]. Expert systems with applications, 2013, 40 (18): 7231-7241.

[11] KALAYCI C B, GUPTA S M. A particle swarm optimization algorithm with neighborhood-based mutation for sequence-dependent disassembly line balancing problem [J]. The international journal of advanced manufacturing technology, 2013, 69 (1): 197-209.

[12] KALAYCI C B, POLAT O, GUPTA S M. A hybrid genetic algorithm for sequence-dependent disassembly line balancing problem [J]. Annals of operations research, 2016, 242 (2): 321-354.

[13] KALAYCI C B, GUPTA S M. Simulated annealing algorithm for solving sequence-dependent disassembly line balancing problem [J]. IFAC proceedings volumes, 2013, 46 (9): 93-98.

[14] KALAYCI C B, GUPTA S M. A tabu search algorithm for balancing a sequence-dependent disassembly line [J]. Production planning & control, 2014, 25 (2): 149-160.

[15] KALAYCI C B, POLAT O. A variable neighbourhood search algorithm for disassembly lines [J]. Journal of manufacturing technology management, 2015, 26 (2): 182-194.

[16] KALAYCI C B, GUPTA S M. River formation dynamics approach for se-

quence-dependent disassembly line balancing problem [J]. Reverse supply chains, 2013: 289-312.

[17] KALAYCI C B, GUPTA S M. A hybrid genetic algorithm approach for disassembly line balancing [C] //Proceedings of the 42nd Annual Meeting of Decision Science Institute, Boston. 2011.

[18] JACKSON J R. A computing procedure for a line balancing problem [J]. Management science, 1956, 2 (3): 261-271.

[19] BRYTON B. Balancing of a continuous production line [D]. Evanston: Northwestern University, 1954.

[20] SALVESON M E. The assembly line balancing problem [J]. Journal of industrial engineering, 1955, 6 (3): 18-25.

[21] TONGE F M. Summary of a heuristic line balancing procedure [J]. Management science, 1960, 7 (1): 21-42.

[22] HELGESON W, BIRNIE D. Assembly line balancing using the ranked positional weight technique [J]. Journal of industrial engineering, 1961, 12 (6): 394-398.

[23] HOFFMANN T R. Assembly line balancing with a precedence matrix [J]. Management science, 1963, 9 (4): 551-562.

[24] DAR-EL E. MALB—a heuristic technique for balancing large single-model assembly lines [J]. AIIE transactions, 1973, 5 (4): 343-356.

[25] BOCTOR F F. A multiple-rule heuristic for assembly line balancing [J]. Journal of the operational research society, 1995, 46 (1): 62-69.

[26] BUKCHIN Y, RABINOWITCH I. A branch-and-bound based solution approach for the mixed-model assembly line-balancing problem for minimizing stations and task duplication costs [J]. European journal of operational research, 2006, 174 (1): 492-508.

[27] WU E F, JIN Y, BAO J S, et al. A branch-and-bound algorithm for two-si-

ded assembly line balancing [J]. International journal of advanced manufacturing technology, 2008, 39 (9): 1009-1015.

[28] OGAN D, AZIZOGLU M. A branch and bound method for the line balancing problem in U-shaped assembly lines with equipment requirements [J]. Journal of manufacturing systems, 2015, 36: 46-54.

[29] BORBA L, RITT M. A heuristic and a branch-and-bound algorithm for the assembly line worker assignment and balancing problem [J]. Computers & operations research, 2014, 45 (3): 87-96.

[30] VILÍ M, PEREIRA J. A branch-and-bound algorithm for assembly line worker assignment and balancing problems [J]. Computers & operations research, 2014, 44 (4): 105-114.

[31] BAUTISTA J, PEREIRA J. A dynamic programming based heuristic for the assembly line balancing problem [J]. European journal of operational research, 2009, 194 (3): 787-794.

[32] CARRAWAY R L. A dynamic programming approach to stochastic assembly line balancing [J]. Management science, 1989, 35 (4): 459-471.

[33] SCHOLL A, BECKER C. State-of-the-art exact and heuristic solution procedures for simple assembly line balancing [J]. European journal of operational research, 2006, 168 (3): 666-693.

[34] SAIF U, GUAN Z, LIU W, et al. Multi-objective artificial bee colony algorithm for simultaneous sequencing and balancing of mixed model assembly line [J]. International journal of advanced manufacturing technology, 2014, 75 (9-12): 1809-1827.

[35] TANG Q, LI Z, ZHANG L. An effective discrete artificial bee colony algorithm with idle time reduction techniques for two-sided assembly line balancing problem of type-II [J]. Computers & industrial engineering, 2016, 97: 146-156.

[36] KUCUKKOC I, BUYUKOZKAN K, SATOGLU S I, et al. A mathematical model and artificial bee colony algorithm for the lexicographic bottleneck mixed-model assembly line balancing problem [J]. Journal of intelligent manufacturing, 2015: 1-13.

[37] TAPKAN P, OZBAKIR L, BAYKASOGLU A. Modeling and solving constrained two-sided assembly line balancing problem via bee algorithms [J]. Applied soft computing, 2012, 12 (11): 3343-3355.

[38] BUYUKOZKAN K, KUCUKKOC I, ZHANG D Z. Lexicographic bottleneck mixed-model assembly line balancing problem: An artificial bee colony approach [J]. Expert systems with applications, 2014, 50 (2): 151-166.

[39] TAPKAN P, ÖZBAKLR L, BAYKASOGLU A. Bee algorithms for parallel two-sided assembly line balancing problem with walking times [J]. Applied soft computing, 2016, 39: 275-291.

[40] 李修琳, 鲁建厦, 柴国钟, 等. 混流装配排序问题的改进人工蜂群优化 [J]. 计算机集成制造系统, 2011, 17 (12): 2599-2609.

[41] 李梓响, 唐秋华, 张利平, 等. 求解第Ⅰ类双边装配线平衡问题的改进离散人工蜂群算法 [J]. 计算机集成制造系统, 2016, 22 (4): 974-982.

[42] 鲁建厦, 翁耀炜, 李修琳, 等. 混合人工蜂群算法在混流装配线排序中的应用 [J]. 计算机集成制造系统, 2014, 20 (1): 121-127.

[43] 李修琳, 傅培华, 鲁建厦, 等. 基于人工蜂群优化的串并行混装线关联排序问题 [J]. 计算机集成制造系统, 2017, 23 (3): 567-574.

[44] GONCALVES J F, ALMEIDA J R D. A hybrid genetic algorithm for assembly line balancing [J]. Journal of heuristics, 2002, 8 (6): 629-642.

[45] SIMARIA A S, VILARINHO P M. A genetic algorithm based approach to the mixed-model assembly line balancing problem of type Ⅱ [J]. Computers & industrial engineering, 2004, 47 (4): 391-407.

[46] LEVITIN G, RUBINOVITZ J, SHNITS B. A genetic algorithm for robotic as-

sembly line balancing [J]. European journal of operational research, 2006, 168 (3): 811-825.

[47] KIM Y K, SONG W S, KIM J H. A mathematical model and a genetic algorithm for two-sided assembly line balancing [J]. Computers & operations research, 2009, 36 (3): 853-865.

[48] HWANG R K, KATAYAMA H, GEN M. U-shaped assembly line balancing problem with genetic algorithm [J]. International journal of production research, 2008, 46 (16): 4637-4649.

[49] CHICA M, CORDÓN Ó, DAMAS S. An advanced multiobjective genetic algorithm design for the time and space assembly line balancing problem [J]. Computers & industrial engineering, 2011, 61 (1): 103-117.

[50] ALAVIDOOST M H, TARIMORADI M. Fuzzy adaptive genetic algorithm for multi-objective assembly line balancing problems [J]. Applied soft computing, 2015, 34: 655-677.

[51] 皮兴忠, 范秀敏, 严隽琪. 基于可行作业序列的遗传算法求解第二类装配线平衡问题 [J]. 上海交通大学学报, 2005, 39 (7): 1123-1127.

[52] 吴尔飞, 金烨, 续爱民, 等. 基于改进遗传算法的双边装配线平衡 [J]. 计算机集成制造系统, 2007, 13 (2): 268-274.

[53] 宋华明, 韩玉启. 基于遗传算法的装配线平衡 [J]. 系统工程, 2002, 20 (1): 87-91.

[54] 于兆勤, 苏平. 基于遗传算法和仿真分析的混合装配线平衡问题研究 [J]. 计算机集成制造系统, 2008, 14 (6): 1120-1129.

[55] 翁耀炜, 鲁建厦, 邓伟. 基于禁忌粒子群算法的混流装配线排序研究 [J]. 机电工程, 2013, 30 (4): 430-434.

[56] 董建华, 肖田元, 赵银燕. 遗传禁忌搜索算法在混流装配线排序中的应用 [J]. 工业工程与管理, 2003, 8 (2): 14-17.

[57] CHIANG W C. The application of a tabu search metaheuristic to the assembly

line balancing problem [J]. Annals of operations research, 1998, 77: 209-227.

[58] SUWANNARONGSRI S, PUANGDOWNREONG D. Optimal assembly line balancing using tabu search with partial random permutation technique [J]. International journal of management science & engineering management, 2008, 3 (1): 3-18.

[59] ESMAEILIAN G R. A tabu search approach for mixed-model parallel assembly line balancing problem (type II) [J]. International journal of industrial & systems engineering, 2011, 8 (4): 407-431.

[60] BUYUKOZKAN K, KUCUKKOC I, SATOGLU S I, et al. Lexicographic bottleneck mixed-model assembly line balancing problem: artificial bee colony and tabu search approaches with optimised parameters [J]. Expert systems with applications, 2016, 50 (2): 151-166.

[61] LAPIERRE S D, RUIZ A, SORIANO P. Balancing assembly lines with tabu search [J]. European journal of operational research, 2006, 168 (3): 826-837.

[62] YAGMAHAN B. Mixed-model assembly line balancing using a multi-objective ant colony optimization approach [J]. Expert systems with applications, 2011, 38 (10): 12453-12461.

[63] OZBAKIR L, BAYKASOGLU A, GORKEMLI B, et al. Multiple-colony ant algorithm for parallel assembly line balancing problem [J]. Applied soft computing, 2011, 11 (3): 3186-3198.

[64] RADA-VILELA J, CHICA M, CORDÓN Ó, et al. A comparative study of multi-objective ant colony optimization algorithms for the time and space assembly line balancing problem [J]. Applied soft computing journal, 2013, 13 (11): 4370-4382.

[65] KUCUKKOC I, ZHANG D Z. Type-E parallel two-sided assembly line balan-

cing problem: mathematical model and ant colony optimisation based approach with optimised parameters [J]. Computers & industrial engineering, 2015, 84: 56-69.

[66] CHICA M, CORDÓN Ó, DAMAS S, et al. Interactive preferences in multiobjective ant colony optimisation for assembly line balancing [J]. Soft computing, 2015, 19 (10): 2891-2903.

[67] LU C, YANG Z. Integrated assembly sequence planning and assembly line balancing with ant colony optimization approach [J]. International journal of advanced manufacturing technology, 2015, 83 (1): 243-256.

[68] YANG Z, LU C, ZHAO H W. An ant colony algorithm for integrating assembly sequence planning and assembly line balancing [J]. Applied mechanics & materials, 2013, 397-400: 2570-2573.

[69] ZHONG Y G, AI B. A modified ant colony optimization algorithm for multiobjective assembly line balancing [J]. Soft computing, 2016: 1-14.

[70] ZHENG Q X, LI Y X, LI M, et al. An improved ant colony optimization for large-scale simple assembly line balancing problem of type-1 [J]. Applied mechanics & materials, 2012, 159: 51-55.

[71] KUCUKKOC I, ZHANG D Z. Mixed-model parallel two-sided assembly line balancing problem: a flexible agent-based ant colony optimization approach [J]. Computers & industrial engineering, 2016, 97: 58-72.

[72] SABUNCUOGLU I, EREL E, ALP A. Ant colony optimization for the single model U-type assembly line balancing problem [J]. International journal of production economics, 2009, 120 (2): 287-300.

[73] TARASEWICH P, MCMULLEN P R. Multi-objective assembly line balancing via a modified ant colony optimization technique [J]. International journal of production research, 2006, 44 (1): 27-42.

[74] 朱小平, 张则强. 附带翻转工位双边装配线蚁群算法优化设计 [J]. 计

算机工程与应用, 2014, 50 (6): 240-245.

[75] 张则强, 程文明, 钟斌, 等. 求解装配线平衡问题的一种改进蚁群算法 [J]. 计算机集成制造系统, 2007, 13 (8): 1632-1638.

[76] 郑巧仙, 李明, 李元香, 等. 求解双边装配线平衡问题的改进蚁群算法 [J]. 电子学报, 2014, 42 (5): 841-845.

[77] 郑巧仙, 李元香, 李明, 等. 面向第Ⅱ类装配线平衡问题的蚁群算法 [J]. 计算机集成制造系统, 2012, 18 (5): 999-1005.

[78] 查靓, 徐学军, 余建军, 等. 运用改进蚁群算法求解直线型和U型装配线平衡问题 [J]. 工业工程, 2010, 13 (6): 76-81.

[79] CHUTIMA P, CHIMKLAI P. Multi-objective two-sided mixed-model assembly line balancing using particle swarm optimisation with negative knowledge [J]. Computers & industrial engineering, 2012, 62 (1): 39-55.

[80] NILAKANTAN J M, PONNAMBALAM S G. Robotic U-shaped assembly line balancing using particle swarm optimization [J]. Engineering optimization, 2016, 48 (2): 231-252.

[81] DELICE Y, AYDOĞAN E K, ÖZCAN U, et al. A modified particle swarm optimization algorithm to mixed-model two-sided assembly line balancing [J]. Journal of intelligent manufacturing, 2014, 28 (1): 23-36.

[82] DINU S. Multi-objective assembly line balancing using fuzzy inertia-adaptive particle swarm algorithm [J]. Studies in informatics & control, 2015: 283-292.

[83] PETROPOULOS D I, NEARCHOU A C. A particle swarm optimization algorithm for balancing assembly lines [J]. Assembly automation, 2011, 31 (31): 118-129.

[84] AYDOĞAN E K, DELICE Y, ÖZCAN U, et al. Balancing stochastic U-lines using particle swarm optimization [J]. Journal of intelligent manufacturing, 2016: 1-15.

[85] NILAKANTAN J M, PONNAMBALAM S G. Solving cost based robotic assembly line problems using variants of particle swarm optimization [C] // Proceedings of the International Conference on Control, Instrumentation, Communication and Computational Technologies. 2014.

[86] 张则强, 余庆良, 胡俊逸, 等. 随机混流装配线平衡问题的一种混合粒子群算法 [J]. 机械设计与研究, 2013, 29（2）：60-63.

[87] 李梓响, 唐秋华, 林斌, 等. 第二类双边装配线平衡的混合粒子群算法 [J]. 机械设计与制造, 2015（1）：113-116.

[88] 刘海江, 汤伟, 张含叶. 基于改进粒子群算法求解第二类装配线平衡问题 [J]. 中国工程机械学报, 2014, 12（6）：508-513.

[89] 胡俊逸, 张则强, 张宇, 等. 求解第 Ⅰ 类装配线平衡问题的一种改进粒子群算法 [J]. 现代制造工程, 2012（3）：1-5.

[90] BAYKASOGLU A. Multi-rule multi-objective simulated annealing algorithm for straight and U type assembly line balancing problems [J]. Journal of intelligent manufacturing, 2006, 17（2）：217-232.

[91] CAKIR B, ALTIPARMAK F, DENGIZ B. Multi-objective optimization of a stochastic assembly line balancing：a hybrid simulated annealing algorithm [J]. Computers & industrial engineering, 2011, 60（3）：376-384.

[92] ROSHANI A, ROSHANI A, ROSHANI A, et al. A simulated annealing algorithm for multi-manned assembly line balancing problem [J]. Journal of manufacturing systems, 2013, 32（1）：238-247.

[93] MANAVIZADEH N, HOSSEINI N S, RABBANI M, et al. A simulated annealing algorithm for a mixed model assembly U-line balancing type-I problem considering human efficiency and Just-In-Time approach [J]. Computers & industrial engineering, 2013, 64（2）：669-685.

[94] SIMARIA A S, VILARINHO P M. The simple assembly line balancing problem with parallel workstations - a simulated annealing approach [J]. Interna-

tional journal of industrial engineering theory applications & practice, 2001, 8 (3): 230-240.

[95] ROSHANI A, GIGLIO D. Simulated annealing algorithms for the multi-manned assembly line balancing problem: minimising cycle time [J]. International journal of production research, 2016, 55 (10): 2731-2751.

[96] GÜDEN H, MERAL S. An adaptive simulated annealing algorithm-based approach for assembly line balancing and a real-life case study [J]. International journal of advanced manufacturing technology, 2016, 84 (5): 1539-1559.

[97] FATHI M, ÁLVAREZ M J, RODRÍGUEZ V. A new heuristic-based bi-objective simulated annealing method for U-shaped assembly line balancing [J]. European journal of industrial engineering, 2016, 10 (2): 145.

[98] JAYASWAL S, AGARWAL P. Balancing U-shaped assembly lines with resource dependent task times: a simulated annealing approach [J]. Journal of manufacturing systems, 2014, 33 (4): 522-534.

[99] LI Z, TANG Q, ZHANG L P. Minimizing energy consumption and cycle time in two-sided robotic assembly line systems using restarted simulated annealing algorithm [J]. Journal of cleaner production, 2016, 135: 508-522.

[100] EREL E, SABUNCUOGLU I, AKSU B A. Balancing of U-type assembly systems using simulated annealing [J]. International journal of production research, 2001, 39 (13): 3003-3015.

[101] MCGOVERN S M, GUPTA S M. The disassembly line: balancing and modeling [M]. New York: McGraw-Hill, 2010.

[102] GUNGOR A, GUPTA S M. Disassembly sequence planning for complete disassembly in product recovery [C] //Proceedings of the Northeast Decision Sciences Institute Conference, Boston. 1998.

[103] GUNGOR A, GUPTA S M. Issues in environmentally conscious manufactur-

ing and product recovery: a survey [J]. Computers & industrial engineering, 1999, 36 (4): 811-853.

[104] GÜNGÖR A, GUPTA S M. Disassembly line in product recovery [J]. International journal of production research, 2002, 40 (11): 2569-2589.

[105] MCGOVERN S M, GUPTA S M. Combinatorial optimization analysis of the unary NP-complete disassembly line balancing problem [J]. International journal of production research, 2007, 45 (18-19): 4485-4511.

[106] SCHOLL A, BOYSEN N, FLIEDER M. The sequence-dependent assembly line balancing problem [J]. OR spectrum, 2008, 30 (3): 579-609.

[107] ANDRÉS C. Balancing and scheduling tasks in assembly lines with sequence-dependent setup times [J]. European journal of operational research, 2008, 187 (3): 1212-1223.

[108] YOLMEH A, KIANFAR F. An efficient hybrid genetic algorithm to solve assembly line balancing problem with sequence-dependent setup times [J]. Computers & industrial engineering, 2012, 62 (4): 936-945.

[109] HAMTA N. A hybrid PSO algorithm for a multi-objective assembly line balancing problem with flexible operation times, sequence-dependent setup times and learning effect [J]. International journal of production economics, 2013, 141 (1): 99-111.

[110] AKPINAR S, BAYHAN G M, BAYKASOGLU A. Hybridizing ant colony optimization via genetic algorithm for mixed-model assembly line balancing problem with sequence dependent setup times between tasks [J]. Applied soft computing, 2013, 13 (1): 574-589.

[111] OZTURK C, TUNALI S, HNICH B, et al. Simultaneous balancing and scheduling of flexible mixed model assembly lines with sequence-dependent setup times [J]. Electronic notes in discrete mathematics, 2010, 36: 65-72.

[112] TANG Q, LIANG Y, ZHANG L, et al. Balancing mixed-model assembly lines with sequence-dependent tasks via hybrid genetic algorithm [J]. Journal of global optimization, 2016, 65 (1): 83-107.

[113] HATAMI S, RUIZ R, ANDRÉS-ROMANO C. Heuristics and metaheuristics for the distributed assembly permutation flowshop scheduling problem with sequence dependent setup times [J]. International journal of production economics, 2015, 169: 76-88.

[114] MALEKI-DAROUNKOLAEI A, MODIRI M, TAVAKKOLI-MOGHADDAM R, et al. A three-stage assembly flow shop scheduling problem with blocking and sequence-dependent set up times [J]. Journal of industrial engineering international, 2012, 8 (1): 26.

[115] SEYED-ALAGHEBAND S A, GHOMI S M T F, ZANDIEH M. A simulated annealing algorithm for balancing the assembly line type II problem with sequence-dependent setup times between tasks [J]. International journal of production research, 2011, 49 (3): 805-825.

[116] ÖZCAN U, TOKLU B. Balancing two-sided assembly lines with sequence-dependent setup times [J]. International journal of production research, 2010, 48 (18): 5363-5383.

[117] SCHOLL A, BOYSEN N, FLIEDNER M. The assembly line balancing and scheduling problem with sequence-dependent setup times: problem extension, model formulation and efficient heuristics [J]. OR spectrum, 2013, 35: 291-320.

[118] MCGOVERN S M, GUPTA S M. Greedy algorithm for disassembly line scheduling [C] //Proceedings of the IEEE International Conference on Systems, Man and Cybernetics. IEEE, 2003.

[119] MCGOVERN S M, GUPTA S M. 2-opt heuristic for the disassembly line balancing problem [C] //Proceedings of the 2003 SPIE International Con-

ference Disassembly Line Balancing on Environmentally Conscious Manufacturing Ⅲ. Rhode Island, 2003: 71-84.

[120] MCGOVERN S M, GUPTA S M. Combinatorial optimization methods for disassembly line balancing [C] //Proceedings of the Environmentally Conscious Manufacturing Ⅳ. 2004.

[121] MCGOVERN S M, GUPTA S M. Local search heuristics and greedy algorithm for balancing a disassembly line [J]. International journal of operations and quantitative management, 2005, 11 (2): 91-114.

[122] KIZILKAYA E A, GUPTA S M. Impact of different disassembly line balancing algorithms on the performance of dynamic kanban system for disassembly line [C] //Proceedings of the Proceedings of the SPIE International Conference on Environmentally Conscious Manufacturing Ⅴ. 2005.

[123] 刘志峰, 胡迪, 高洋, 等. 基于贪婪算法的产品拆卸序列规划 [J]. 中国机械工程, 2011, 22 (18): 2162-2166.

[124] 赵柏萱, 刘检华, 宁汝新, 等. 一种基于运动规划的选择拆卸序列规划技术 [J]. 机械工程学报, 2014, 50 (7): 136-145.

[125] AVIKAL S, JAIN R, MISHRA P. A heuristic for U-shaped disassembly line balancing problems [J]. MIT international journal of mechanical engineering, 2013, 3 (1): 51-56.

[126] GUNGOR A, GUPTA S M. Disassembly sequence plan generation using a branch-and-bound algorithm [J]. International journal of production research, 2001, 39 (3): 481-509.

[127] ALTEKIN F T, AKKAN C. Task-failure-driven rebalancing of disassembly lines [J]. International journal of production research, 2012, 50 (18): 4955-4976.

[128] BENTAHA M L, BATTAÏA O, DOLGUI A. A sample average approximation method for disassembly line balancing problem under uncertainty [J].

Computers & operations research, 2014, 51 (3): 111-122.

[129] PAKSOY T, GÜNGÖR A, ÖZCEYLAN E, et al. Mixed model disassembly line balancing problem with fuzzy goals [J]. International journal of production research, 2013, 51 (20): 6082-6096.

[130] ALTEKIN F T, KANDILLER L, OZDEMIREL E N. Profit-oriented disassembly-line balancing [J]. International journal of production research, 2008, 46 (10): 2675-2693.

[131] BENTAHA M L, BATTAÏA O, DOLGUI A. Lagrangian relaxation for stochastic disassembly line balancing problem [J]. Procedia CIRP, 2014, 17: 56-60.

[132] BENTAHA M L, BATTAÏA O, DOLGUI A. Disassembly line balancing problem with fixed number of workstations under uncertainty [J]. IFAC proceedings, 2014, 47 (3): 3522-3526.

[133] BENTAHA M L, BATTAÏA O, DOLGUI A. Disassembly line balancing and sequencing under uncertainty [J]. Procedia CIRP, 2014, 15: 239-244.

[134] BENTAHA M L, BATTAÏA O, DOLGUI A, et al. Second order conic approximation for disassembly line design with joint probabilistic constraints [J]. European journal of operational research, 2015, 247 (3): 957-967.

[135] KOC A, SABUNCUOGLU I, EREL E. Two exact formulations for disassembly line balancing problems with task precedence diagram construction using an AND/OR graph [J]. IIE transactions, 2009, 41 (10): 866-881.

[136] ILGIN M A, AKÇAY H, ARAZ C. Disassembly line balancing using linear physical programming [J]. International journal of production research, 2017, 55 (20): 1-12.

[137] HEZER S, KARA Y. A network-based shortest route model for parallel disassembly line balancing problem [J]. International journal of production research, 2015, 53 (6): 1849-1865.

[138] HOLLAND J H. Adaptation in natural and artificial systems [M]. Ann Arbor: University of Michigan Press, 1975.

[139] KONGAR E, GUPTA S M. Disassembly sequencing using genetic algorithm [J]. The international journal of advanced manufacturing technology, 2006, 30 (5): 497-506.

[140] KONGAR E, GUPTA S M. A genetic algorithm for disassembly process planning [C]. SPIE, 2001.

[141] ELSAYED A, KONGAR E, GUPTA S M, et al. An online genetic algorithm for automated disassembly sequence generation [C] //Proceedings of the ASME 2011 International Design Engineering Technical Conferences & Computers and Information in Engineering Conference. 2011.

[142] HUI W, DONG X, GUANGHONG D. A genetic algorithm for product disassembly sequence planning [J]. Neurocomputing, 2008, 71 (13): 2720-2726.

[143] CHEN J, ZHANG Y, LIAO H. Disassembly sequence planning based on improved genetic algorithm [J]. Advances in intelligent & soft computing, 2011, 129: 471-476.

[144] 吴昊, 左洪福. 基于遗传算法的产品拆卸序列规划研究 [J]. 飞机设计, 2009, 29 (6): 71-75.

[145] AYDEMIR-KARADAG A, TURKBEY O. Multi-objective optimization of stochastic disassembly line balancing with station paralleling [J]. Computers & industrial engineering, 2013, 65 (3): 413-425.

[146] DORIGO M, MANIEZZO V, COLORNI A. The ant system: optimization by a colony of cooperating agents [C] //Proceedings of the IEEE Transactions on Systems, Man, and Cybernetics. 1996.

[147] MCGOVERN S M, GUPTA S M. Ant colony optimization for disassembly sequencing with multiple objectives [J]. The international journal of advanced

manufacturing technology, 2006, 30 (5): 481-496.

[148] DING L P, FENG Y X, TAN J R, et al. A new multi-objective ant colony algorithm for solving the disassembly line balancing problem [J]. International journal of advanced manufacturing technology, 2010, 48 (5): 761-771.

[149] 丁力平, 谭建荣, 冯毅雄, 等. 基于 Pareto 蚁群算法的拆卸线平衡多目标优化 [J]. 计算机集成制造系统, 2009, 15 (7): 1406-1413.

[150] 朱兴涛, 张则强, 朱勋梦, 等. 求解多目标拆卸线平衡问题的一种蚁群算法 [J]. 中国机械工程, 2014, 25 (8): 1075-1079.

[151] AGRAWAL S, TIWARI M K. A collaborative ant colony algorithm to stochastic mixed-model U-shaped disassembly line balancing and sequencing problem [J]. International journal of production research, 2008, 46 (6): 1405-1429.

[152] 谢云. 模拟退火算法综述 [J]. 计算机应用研究, 1998 (5): 7-9.

[153] KIRKPATRICK S, GELATT C D, VECCHI M P. Optimization by simulated annealing [J]. Science, 1983, 220 (4598): 671-680.

[154] PRAKASH P, CEGLAREK D, TIWARI M K. Constraint-based simulated annealing (CBSA) approach to solve the disassembly scheduling problem [J]. International journal of advanced manufacturing technology, 2012, 60 (9): 1125-1137.

[155] 刘志峰, 杨德军, 顾国刚. 基于模拟退火粒子群优化算法的拆卸序列规划 [J]. 合肥工业大学学报 (自然科学版), 2011, 34 (2): 161-165, 179.

[156] KENNEDY J, EBERHART R. Particle swarm optimization [C] //Proceedings of the IEEE International Conference on Neural Networks. 1995.

[157] 徐进, 张树有, 费少梅. 基于自适应粒子群的产品再制造拆卸规划 [J]. 浙江大学学报 (工学版), 2011, 45 (10): 1746-1752.

[158] 王攀，程培源，王威，等. 基于拆卸 Petri 网和混沌粒子群的拆卸序列
规划 [J]. 机械设计与制造，2015（1）：251-255.

[159] 张秀芬，张树有. 基于粒子群算法的产品拆卸序列规划方法 [J]. 计算
机集成制造系统，2009，15（3）：508-514.

[160] 方群，张则强，李明，等. 面向多目标拆卸线平衡问题的一种改进粒子
群优化算法 [J]. 现代制造工程，2016（4）：8-15.

[161] KALAYCI C B, GUPTA S M. A particle swarm optimization algorithm for
solving disassembly line banancing problem [J]. Proceedings for the north-
east region decision sciences institute, 2012.

[162] KARABOGA D. An idea based on honey bee swarm for numerical optimiza-
tion [R]. Turkey：Erciyes University, 2005.

[163] 宋守许，张文胜，张雷. 基于改进人工蜂群算法的产品拆卸序列规划
[J]. 中国机械工程，2016，27（17）：2384-2390.

[164] 张则强，胡扬，陈冲. 求解拆卸线平衡问题的改进人工蜂群算法 [J].
西南交通大学学报，2016，51（5）：910-917.

[165] 李明，张则强，胡扬. U 型布局的拆卸线平衡问题及其求解算法研究
[J]. 现代制造工程，2015（7）：7-12.

[166] KALAYCI C B, HANCILAR A, GUNGOR A, et al. Multi-objective fuzzy
disassembly line balancing using a hybrid discrete artificial bee colony algo-
rithm [J]. Journal of manufacturing systems, 2015, 37：672-682.

[167] 胡扬，张则强，李明，等. 拆卸线平衡问题的改进细菌觅食优化算法
[J]. 计算机工程与应用，2016，52（21）：258-262.

[168] 胡扬，张则强，汪开普，等. 多目标拆卸线平衡问题的 Pareto 细菌觅食
算法 [J]. 计算机应用研究，2016，33（11）：3265-3269.

[169] 苏亚军，张则强，胡扬. 求解拆卸线平衡问题的一种变邻域搜索算法
[J]. 现代制造工程，2016（10）：19-25.

[170] 汪开普，张则强，毛丽丽，等. 多目标拆卸线平衡问题的 Pareto 人工鱼

群算法 [J]. 中国机械工程, 2017, 28 (2): 183-190.

[171] ZHANG Z, WANG K, ZHU L, et al. A pareto improved artificial fish swarm algorithm for solving a multi-objective fuzzy disassembly line balancing problem [J]. Expert systems with applications, 2017, 86 (11): 165-176.

[172] REN Y, YU D, ZHANG C, et al. An improved gravitational search algorithm for profit-oriented partial disassembly line balancing problem [J]. International journal of production research, 2017, 14 (10): 1-15.

[173] METE S, ÇIL Z A, AĞPAK K, et al. A solution approach based on beam search algorithm for disassembly line balancing problem [J]. Journal of manufacturing systems, 2016, 41 (10): 188-200.

[174] TIWARI M K, SINHA N, KUMAR S, et al. A Petri Net based approach to determine the disassembly strategy of a product [J]. International journal of production research, 2002, 40 (5): 1113-1129.

[175] RAI R, RAI V, TIWARI M K, et al. Disassembly sequence generation: a petri net based heuristic approach [J]. International journal of production research, 2002, 40 (13): 3183-3198.

[176] 郭茂, 蔡建国, 童劲松. 基于 Petri 网的产品拆卸模型研究 [J]. 中国机械工程, 2000, 11 (9): 1007-1009.

[177] 张东生. Petri 网在产品拆卸序列规划中的应用研究 [J]. 机械设计与制造, 2005 (9): 23-25.

[178] 孟宪刚, 严洪森. 基于模糊数 Petri 网的简单机电产品拆卸 [J]. 计算机集成制造系统, 2010, 16 (4): 717-723.

[179] 赵树恩, 李玉玲. 模糊推理 Petri 网及其在产品拆卸序列决策中的应用 [J]. 控制与决策, 2005, 20 (10): 1181-1184.

[180] 江吉彬, 郭伟祥, 刘志峰, 等. 基于层次网格图的拆卸序列生成算法研究 [J]. 计算机集成制造系统, 2004, 10 (9): 1129-1133.

[181] 郑清春, 薄同伟, 郭津津, 等. 基于层次结构的拆卸序列生成研究 [J]. 现代制造技术与装备, 2009 (4): 6-7.

[182] AVIKAL S, JAIN R, MISHRA P K. A kano model, AHP and M-TOPSIS method-based technique for disassembly line balancing under fuzzy environment [J]. Applied soft computing, 2014, 25: 519-529.

[183] 潘晓勇, 刘光复, 刘志峰, 等. 基于割集的拆卸序列生成方法 [J]. 合肥工业大学学报 (自然科学版), 2003, 26 (1): 11-13.

[184] 潘晓勇, 骆祥峰, 刘光复, 等. 基于层次概率模糊认知图的产品拆卸序列研究 [J]. 机械工程学报, 2003, 39 (4): 6-10.

[185] 曹建康, 张秀山. 基于球面映射和拆卸树的拆卸序列生成算法 [J]. 海军工程大学学报, 2010, 22 (1): 72-77.

[186] 徐滨士. 再制造与循环经济 [M]. 北京: 科学出版社, 2007.

[187] PAN Q K, TASGETIREN M F, SUGANTHAN P N, et al. A discrete artificial bee colony algorithm for the lot-streaming flow shop scheduling problem [J]. Information sciences, 2011, 181 (12): 2455-2468.

[188] ZHANG R, SONG S, WU C. A hybrid artificial bee colony algorithm for the job shop scheduling problem [J]. International journal of production economics, 2013, 141 (1): 167-178.

[189] GAO K Z, SUGANTHAN P N, CHUA T J, et al. A two-stage artificial bee colony algorithm scheduling flexible job-shop scheduling problem with new job insertion [J]. Expert systems with applications, 2015, 42 (21): 7652-7663.

[190] 王凌, 周刚, 许烨, 等. 求解不相关并行机混合流水线调度问题的人工蜂群算法 [J]. 控制理论与应用, 2012, 29 (12): 1551-1557.

[191] AKPINAR S, BAYKASOǦLU A. Modeling and solving mixed-model assembly line balancing problem with setups. part Ⅱ: a multiple colony hybrid bees algorithm [J]. Journal of manufacturing systems, 2014, 33 (4): 445-

461.

[192] SAIF U, GUAN Z, LIU W, et al. Pareto based artificial bee colony algorithm for multi objective single model assembly line balancing with uncertain task times [J]. Computers & industrial engineering, 2014, 76: 1-15.

[193] 靳金涛, 聂兰顺, 战德臣, 等. 基于人工蜂群的空间资源受限项目调度算法 [J]. 计算机集成制造系统, 2014, 20 (5): 1088-1098.

[194] RODRIGUEZ F J, LOZANO M, GARCÍA-MARTÍNEZ C, et al. An artificial bee colony algorithm for the maximally diverse grouping problem [J]. Information sciences, 2013, 230: 183-196.

[195] SZETO W Y, WU Y, HO S C. An artificial bee colony algorithm for the capacitated vehicle routing problem [J]. European journal of operational research, 2011, 215 (1): 126-135.

[196] CHAVES-GONZÁLEZ J M, VEGA-RODRÍGUEZ M A, GRANADO-CRIADO J M. A multiobjective swarm intelligence approach based on artificial bee colony for reliable DNA sequence design [J]. Engineering applications of artificial intelligence, 2013, 26 (9): 2045-2057.

[197] ALVARADO-INIESTA A, GARCIA-ALCARAZ J L, RODRIGUEZ-BORBON M I, et al. Optimization of the material flow in a manufacturing plant by use of artificial bee colony algorithm [J]. Expert systems with applications, 2013, 40 (12): 4785-4790.

[198] 刘前进, 许慧铭, 施超. 基于人工蜂群算法的多目标最优潮流问题的研究 [J]. 电力系统保护与控制, 2015, 43 (8): 1-7.

[199] 李牧东, 熊伟, 梁青. 基于人工蜂群改进算法的无线传感器网络定位算法 [J]. 传感技术学报, 2013, 26 (2): 241-245.

[200] 罗陆锋, 邹湘军, 杨洲, 等. 基于改进人工蜂群模糊聚类的葡萄图像快速分割方法 [J]. 农业机械学报, 2015, 46 (3): 23-28.

[201] 阮羚, 徐碧川, 全江涛, 等. 用于土壤分层电阻率模型反演的人工蜂群

结合混沌搜索算子及混沌算法 [J]. 高电压技术, 2015, 41 (1): 42-48.

[202] 秦全德, 程适, 李丽, 等. 人工蜂群算法研究综述 [J]. 智能系统学报, 2014, 9 (2): 127-135.

[203] MLADENOVIĆ N, HANSEN P. Variable neighborhood search [J]. Computers & operations research, 1997, 24 (11): 1097-1100.

[204] HANSEN P, MLADENOVIĆ N. Variable neighborhood search: principles and applications [J]. European journal of operational research, 2001, 130 (3): 449-467.

[205] KARABOGA D, BASTURK B. On the performance of artificial bee colony (ABC) algorithm [J]. Applied soft computing, 2008, 8 (1): 687-697.

[206] KARABOGA D, OZTURK C. Neural networks training by artificial bee colony algorithm on pattern classification [J]. Neural network world, 2009, 19 (3): 279-292.

[207] MOSLEHI G, KHORASANIAN D. A hybrid variable neighborhood search algorithm for solving the limited-buffer permutation flow shop scheduling problem with the makespan criterion [J]. Computers & operations research, 2014, 52 (Part B): 260-268.

[208] 李坤, 徐铮, 田慧欣. 基于自适应变邻域搜索算法的一类混合流水车间调度问题 [J]. 系统工程, 2015 (11): 121-129.

[209] 潘全科, 王文宏, 朱剑英, 等. 基于粒子群优化和变邻域搜索的混合调度算法 [J]. 计算机集成制造系统, 2007, 13 (2): 323-328.

[210] 易军, 李太福. 求解作业车间调度的变邻域细菌觅食优化算法 [J]. 机械工程学报, 2012, 48 (12): 178-183.

[211] CHEIKH M, RATLI M, MKAOUAR O, et al. A variable neighborhood search algorithm for the vehicle routing problem with multiple trips [J]. Electronic notes in discrete mathematics, 2015, 47: 277-284.

[212] 姜贵山, 江志斌, 刘树军. 改进的引导式邻域搜索算法求解周期性车辆路径问题 [J]. 上海交通大学学报, 2010, 44 (9): 1171-1175.

[213] 王仁民, 闭应洲, 刘阿宁, 等. 改进变邻域搜索算法求解动态车辆路径问题 [J]. 计算机工程与应用, 2014, 50 (2): 237-241.

[214] KAMMOUN M, DERBEL H, RATLI M, et al. A variable neighborhood search for solving the multi-vehicle covering tour problem [J]. Electronic notes in discrete mathematics, 2015, 47: 285-292.

[215] AKPINAR S. Hybrid large neighbourhood search algorithm for capacitated vehicle routing problem [J]. Expert systems with applications, 2016, 61: 28-38.

[216] 李青, 宁树实, 莫宝民. 用进化变邻域搜索算法求解闭合供应链选址问题 [J]. 辽宁工程技术大学学报, 2007, 26 (6): 922-925.

[217] HE Z, HE H, LIU R, et al. Variable neighbourhood search and tabu search for a discrete time/cost trade-off problem to minimize the maximal cash flow gap [J]. Computers & operations research, 2017, 78: 564-577.

[218] KHELIFA M, BOUGHACI D. A variable neighborhood search method for solving the traveling tournaments problem [J]. Electronic notes in discrete mathematics, 2015, 47: 157-164.

[219] HANSEN P, OǦUZ C, MLADENOVIĆ N. Variable neighborhood search for minimum cost berth allocation [J]. European journal of operational research, 2008, 191 (3): 636-649.

[220] HASSANNAYEBI E, ZEGORDI S H. Variable and adaptive neighbourhood search algorithms for rail rapid transit timetabling problem [J]. Computers & operations research, 2017, 78: 439-453.

[221] DELLAERT N, JEUNET J. A variable neighborhood search algorithm for the surgery tactical planning problem [J]. Computers & operations research, 2017, 84: 216-225.

［222］ CONSOLI S, PÉREZ J A M, MLADENOVIĆ N. Intelligent variable neigh-bourhood search for the minimum labelling spanning tree problem ［J］. Elec-tronic notes in discrete mathematics, 2013, 41: 399-406.

［223］ 唐秋华, 林斌, 何晓霞, 等. 基于随机机会约束规划的 U 型装配线平衡优化 ［J］. 计算机集成制造系统, 2016, 22 (4): 955-964.

［224］ LEI D M, GUO X P. Variable neighborhood search for the second type of two-sided assembly line balancing problem ［J］. Computers & operations re-search, 2016, 72: 183-188.